犹太智慧典藏书系

犹太人之谜

一个神奇民族的成功智慧

贺雄飞 著

世界知识出版社

图书在版编目（CIP）数据

犹太人之谜：一个神奇民族的成功智慧 / 贺雄飞著. —北京:世界知识出版社，2015.7

（犹太智慧典藏书系）

ISBN 978-7-5012-4982-4

Ⅰ.①犹… Ⅱ.①贺… Ⅲ.①犹太人-研究
Ⅳ.①K18

中国版本图书馆CIP数据核字（2015）第160547号

责任编辑　刘豫徽
责任出版　赵　玥
责任校对　陈可望

书　　名　**犹太人之谜：一个神奇民族的成功智慧**
Youtairen Zhimi：Yige Shenqi Minzu de Chenggong Zhihui

作　　者　贺雄飞

出版发行　世界知识出版社
地址邮编　北京市东城区干面胡同51号（100010）
网　　址　www.wap1934.com
电　　话　010-65265923（发行）　010-85119023（邮购）
经　　销　新华书店
印　　刷　北京鑫海达印刷有限公司
开本印张　787×1092毫米　1/32　6⅝印张
字　　数　308千字
版次印次　2015年11月第一版　2015年11月第一次印刷
标准书号　ISBN 978-7-5012-4982-4
定　　价　28.00元

“犹太智慧典藏书系”总序

人类一思索，上帝就发笑；人类不思索，上帝更发笑。

——作者手记

按照普遍的经验，人们对畅销书普遍推崇。某本书的销量一旦超过100万册，似乎就肯定了这本书的权威性和价值。然而，纵观人类的思想史和文学史，真理和经典常常不是按统计数字评定的。相反，众目睽睽之下，真理常常被贬抑和扭曲。从而使大众成为非常盲目的消费者，并降低了人类的创造力和追求完美的动力。犹太文学大师卡夫卡说：“假使一本书不能当头棒喝地敲醒我们，那读它有什么用？一本书该像一把碎冰斧，将人类冰封的心灵捣碎。”而犹太哲学家亚伯拉罕－海舍尔也说：“世界上还有什么东西可以跨越时空和距离，将人类联结在一起呢？只有文字是永远不会消失的。”《圣经》曾多次被人用火烧掉，但世界上的基督徒却越来越多。

现代文明已将人类的物质水平提高到前所未有的高度，但人类的幸福度增加了吗？我看未必，而且人类整体的道德水平和思想水平每况愈下。群体愈大，发展的速度愈快，生命的质量愈小。当罗马人造不出漂亮的建筑时，就把它建得很大。这种陋习延袭至今，每个人的时间表上都排满了活动,简直是与马赛跑,但生活的质量和意义却没有提升。

有一名记者采访一位著名诗人 ：“你是什么时候决定做一名诗人的呢？”诗人指出这个问题问得不对，他说 ：“每个人天生就是诗人，我只不过重复别人做过的事罢了。真正应该问的问题是，为什么其他人会停止了呢？”因此说，多数人年龄越长，思想越僵化。当他们年轻时，对未来人生充满美好的憧憬 ；然而，到了中年以后，竟然对理想主义者嗤之以鼻，而对一些污秽、龌龊之事却习以为常。为什么会出现这种情况呢？以色列先知耶利米在《圣经－耶利米书》中说 ：“你若与步行的人同跑，尚且觉累，怎能与马赛跑呢？”在当今这个野蛮的物质主义时代，人们忙于应酬和娱乐，灵魂跟不上欲望的脚步，很少有人每天散步省察生命的意义，自然会变得大腹便便，却六神无主、麻木不仁。

2014 年 1 月 24 日，我在哈尔滨主持“犹太智慧商界领袖沙龙”，期间企业家们提问 ：“人活着的意义究竟是什么？”一位女企业家的回答是 ：“快乐。”我当时问她 ：“难道还有比快乐更快乐的事吗？”曾经，我在读一本书时发现，犹太小提琴大师梅纽因回答了这个问题：“生命的意义在于快乐，我的快乐就是分析作品，想象自己喜欢怎样去聆听；生命的意义在于将我们最迫切的需要升华成艺术，无论是生活艺术还是美食艺术。”梅纽因还说，人类还需要在快乐中不断学习，否则生命的终极意义便会离我们远去。任何人都无法预测死后会发生什么事情，永恒的生命不允许有未来。

我 20 年前开始研究犹太人，也开始了我的流浪生涯。大学毕业后，我分配回内蒙古自治区政府办公厅，然后下海流浪到海南儋州，历尽坎坷后又流浪到北京，在北京也先后搬了十几次家，不到一年搬一次。从 2014 年开始先是返回家乡鄂尔多斯，然后又流浪到包头和乌兰察布，今年则流浪在北京、乌兰察布和呼和浩特之间。我的女儿也和我一样，先是在内蒙，后来到了北京，然后又从中国到了爱尔兰，爱尔兰到了美国，美国到了法国，马上又要从法国到以色列求学。儿子也一直在颠沛流离的状态中成长，不间断地适应着各种不确定的状态和陌生的世界。

犹太哲学家维特根斯坦说：“一个哲学家的最终归宿是火车站。”这难道就是我和孩子研究犹太智慧的宿命吗？犹太人为什么要流浪？就是要寻找一个热爱诗歌，热爱法律，渴慕智慧和真理的地方，寻找一个和谐、幸福，没有雾霾，能实现伟大梦想的地方。

流浪不仅使犹太人越来越有智慧，也使犹太人向全世界布道，同时使犹太人吸取世界文明的精髓。这就是一个流浪者的心灵独白和思想札记，藉以记录我 20 多年的研犹历程和前半生的思想收获。

感谢世界知识出版社的罗养毅副总编辑、汪琴副社长和所有责编，也感谢我弟弟贺鹏飞及字里行间书吧迅速让本书系付梓，同时为她插上翅膀飞向每一个热爱犹太智慧的读者的书架。有朋友和有智慧的人永远不会破产，与犹太人为伍就是与智慧同行。

1+1=11 或 111。是为序，与广大读者朋友共勉。

贺雄飞

2015 年 8 月 28 日于北京

目　录

第一章　谁是犹太人

犹太人被誉为世界上最聪明、最神秘、最富有的民族。尽管关于犹太人的负面说法也不少，但从某种意义上说，不了解犹太人就不算了解世界。

犹太人在家打个喷嚏，世界上很多银行都将连锁感冒；

宏伟壮观的耶路撒冷

亨利·库尔特内·塞卢斯(1811～1890)，1860年绘，由伦敦斯特普尔顿艺术馆收藏。

五个犹太人凑在一起，便能控制整个人类的黄金市场。

犹太民族虽然只有1400万人口，但却执当今思想界、艺术界、经济界、科学界、政治界之牛耳！

虽然犹太民族有近5000年的历史，但和世界许多古老民族相比，其从来都是一个弱小的民族。在悠久的历史长河中，这个民族被奴役，受歧视，遭迫害，有2000年被迫逃亡异乡、流离失所的苦难历程。然而，一个弱小的民族在流散世界各地、寄人篱下的困境中，还能顽强地生存和

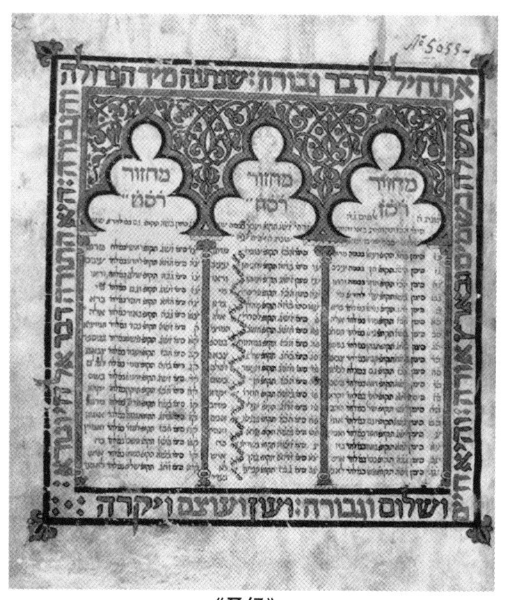

《圣经》

约书亚·本·亚伯拉罕·加昂，日历，西班牙，索里亚，约1310年，羊皮纸、红黑二色墨水、金，现藏巴黎法国国立图书馆。

闪族人石像
闪族人是犹太人的祖先

发展着，并能保留本民族的传统，维持本民族的团结，而且对世界的发展作出了不可磨灭的贡献，这使人们不能不对这个民族产生深深的同情和敬意，并因此引发深思。

此外，《圣经》中那充满神秘气息的故事以及精美而富有情调的赞美诗，使人们对这个民族遐思翩翩；而群星般璀璨的犹太伟人更给这个民族披上了一层扑朔迷离的面纱。

那么，究竟谁是犹太人呢？

第一课　一个难解的题

《塔木德》中记载了这样一个故事：

有一个人来到耶路撒冷，自称是犹太人。当地的以色列人像兄弟般地接待了他。其时，恰逢逾越节，他与大家一起守节。在晚宴上，他和大家一块儿吃逾越节的主食——羊羔肉。吃完羊羔肉后，他向主人提出要吃羊的内脏，主

人大吃一惊，断定他不是犹太人。因为真正的犹太人是从不吃羊的内脏的，它要作为祭品献给上帝。这一行为触犯了《圣经·出埃及记》中第12章第43节“外邦人都不可以吃这羊羔”的戒律，于是这人被扭送到宗教机构。

《塔木德》通过这样一个故事告诉犹太人：并不是所有自称是以色列人的人都是犹太人。这大概是最早提出了“谁是犹太人”这一问题的。因为犹太人虽然有5000年的历史，但有2000年流离失所、浪迹天涯的苦难岁月，而且几经屠戮，宛如穿行在一条炼狱之路上。

“希伯来人”、“以色列人”、“犹太人”这三个名称都是指以色列民族。“希伯来”一词由古代闪族语“哈比鲁”一词的语音演化而成。哈比鲁人不是指某个民族，而是许多部落混合组成的游牧民族的统称。

公元前3200年，埃及国王为庆祝征服巴勒斯坦地区曾立战功牌：“迦南处于我的铁蹄下……以色列已被夷平，它的后裔已被剪除。”这表明当时已经开始使用“以色列”一词。关于“以色列”这一名称还有一个很有趣的传说：希伯来人的祖先雅各曾于夜间和天使摔跤，直到天亮仍不分上下。天使于是给他改名“以色列”，意思是“与神角力”。

公元前2000年左右，希伯来人从幼发拉底河流域正式进入迦南地区。他们在进入迦南的初期，并没有将迦南确定为他们的生息之地，而是仍保留着游牧民族的特性。后来，迦南大旱，希伯来人逃荒到了埃及，在那里过了四百多年的寄居生活。其间，由于埃及人排外主义思想的滋长，希伯来人被迫沦为奴隶。最后，希伯来人因不堪屈辱，在其首领摩西的带领下，几经磨难，逃出埃及，返回迦南。

希伯伦

希伯伦是大卫王建立的第一个首都，是犹太支教所有城镇中最重要的一座城池。

迦南尽管被称为“流奶与蜜之地”，但气候恶劣，地势千差万别，不利于希伯来各部落迅速形成一个统一的民族。再加上该地区夹在许多国家中间，直到公元前 1025 年，犹太王国才宣告成立。犹太王国仅仅过了三代——扫罗、大卫和所罗门，便于公元前 930 年分裂为北部以色列王国和南部犹大王国。随后，以色列王国于公元前 722 年亡于亚述王国，犹大王国在公元前 586 年亡于新巴比伦王国，希伯来人则被作为俘虏带往巴比伦，史称“巴比伦之囚”。于是，希伯来人要么作为巴比伦的俘虏，要么到处流亡，史称“犹太人”，起初带有贬义，以后成了约定俗成的称谓。48 年后，即公元前 538 年，犹太人重返耶路撒冷。

在国破家亡的情况下，犹太民族强化了其内部的精神纽带——犹太教的最高典籍《托拉》（又称《律法书》，狭义指《圣经》前 5 章，即《摩西五经》；广义指全部犹太典籍，即把《塔木德》等也包括在内）。从此，犹太人成为以“一本书”为衣钵，以遵守上帝律法为民族成员身份的民族。

之后，犹太人又先后处于波斯和马其顿的铁蹄之下。公元 135 年，犹太人反抗罗马人的第二次起义失败后，被强行逐出巴勒斯坦。至此，犹太人开始了长达近 2000 年的“大流散”时期。

在犹太人复杂的历史中，总共有三次大流散：第一次是公元前 1700 年，迦南大旱，犹太祖先雅各举家南下埃及，在埃及待了大约 430 年后，由摩西率领雅各子孙逃出埃及，返回故土；第二次是公元前 586 年，巴比伦灭犹太王国，毁第一圣殿，犹太人沦为“巴比伦之囚”，共 48 年；第三次是公元 70 年和公元 135 年，犹太人两次大起义，被罗马帝国血腥镇压，大批犹太人作为奴隶被带到罗马，犹太人主体离开迦南。正是这三次大流散，造成了今天犹太人散居世界各地的局面。

长时期的流散，使犹太人备受歧视和迫害，但也形成民族互济的传统。只要是犹太人，无论走到哪里，只要遇到犹太兄弟和犹太组织，大家都有义务帮助他渡过难关和在当地立足。由此，是不是犹太人，是一个很重要的问题。

作为判定“谁是犹太人”这一难题的世俗标准，除了种族特征、语言外，主要取决于是不是犹太母亲所生，犹太父亲与非犹太母亲所生子女不是犹太人。但最主要的判定标准，则是是否信奉犹太教。在犹太人看来，犹太教和犹太人是统一的，犹太人是犹太教的物质外形，犹太教是犹太人精神的内核。这样,他们把犹太人与犹太教等同起来：信犹太教的人是犹太人，犹太人都信犹太教。但犹太人这

犹太新郎

伦勃朗画，画中的新郎将他的手放在新娘的胸前，这种深具《圣经》庄严含义的手势，表现出婚姻结合了精神、感情结合了肉体的层面。

12世纪温彻斯特《圣经》中的插图，摩西正在接受上帝颁示的“十戒”。

种宗教和民族的统一观与他们独特的历史和遭遇有着密切关系，并非宗教狂热所致。

可以毫不夸张地说，犹太人靠着犹太教的支撑，靠着对上帝的忠贞才能在流散中不被异族同化，才能在逆境中生存。他们坚信：他们是“上帝的选民”，和上帝有永恒的约定，只要听从上帝的教诲，恪守《托拉》戒律，上帝就会拯救他们，返回他们的“应许之地”。一旦他们违背上帝的教诲，上帝就会惩罚他们。流散的苦难生活，正是上帝对他们所犯罪孽的惩罚；他们只有忏悔和改过，上帝才会宽恕他们。每一次磨难来临，他们依赖着对上帝的敬畏，顽强地生存下来。

第二课　两块碑的故事

有一则犹太笑话很有趣：

上帝颁布他的律法书前，曾到各地游说。上帝先把"613条戒律"给德国人看，德国人说："这是什么意思，让我们不杀生？拉倒吧。"上帝又把"戒律"拿给法国人看，法国人乐了："别逗了，要我们不找情人，势比登天。"上帝很沮丧，这时，前边正好走来了犹太人摩西。摩西很爽快，直接问上帝需要花多少钱。上帝大喜，说这是免费的。于是摩西说："那就要两块吧！"从此，《摩西十戒》写在两块石碑上，成为犹太人的经典。

因为要严守戒律，势必要经受苦难，承担惩罚；因为要有所畏惧，势必要人心向善；因为要墨守教规，势必不肯融合于别族；因为不被同化，势必要遭受排挤和镇压。这就是犹太人为什么历尽磨难的内因和外因，也是犹太人为了民族和宗教尊严所付出的血的代价。试想，一个小小的民族，怎能敌得过几千年历史风雨中那么多野心家、专制帝王、独裁者和杀人恶魔的血与火的洗礼呢？有多少帝国皇权毁于一旦，有多少弱小民族被斩尽杀绝，又有多少人类文明圣殿消失沉沦？基督教诞生于犹太社会是个必然，兴利除弊，去粗取精，新陈代谢，不断发扬光大，普及世界，剿杀这样一股巨大的力量又何其难也！而基督教会也成为欧洲文明和西方文明的有力基石。

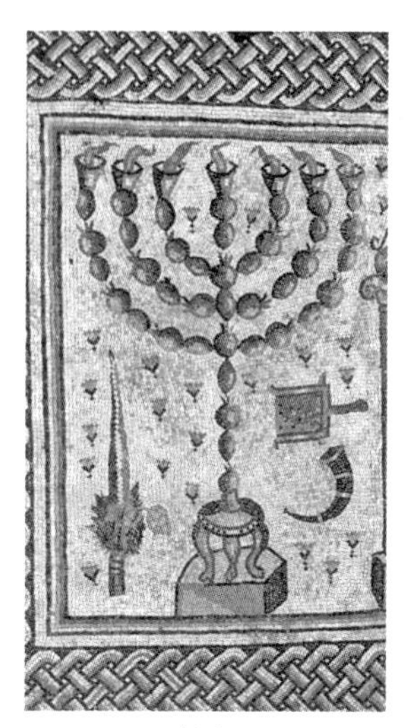

烛台

犹太教使用的七枝大烛的巨大烛台，七个分枝代表七大命运星辰、一周七天和七层天堂。此图为太巴列附近的哈马特会堂的公元4世纪的地面镶嵌画局部。

拨开历史的迷雾，回到现实的土地，犹太教究竟拥有一种什么样的结构呢?

犹太教是一种信仰，是一种对上帝的无限敬畏和对人的充分肯定。

犹太教是一种伦理道德，给予犹太人对人、对世界万物的基本信念，规定犹太人的生活准则和行为规范。

犹太教是一种生活方式，在尊老爱幼、饮食起居、婚丧嫁娶、节日等一切生活领域都有独特的表述。

犹太教是一些特殊的戒律，这613条规定让人望而生畏，使教徒们丧失许多自由，与此同时又获得无穷智慧，培养起做人的尊严。

犹太教是一种文化，一种古老、原始而粗犷的文化，但对世界文明的进程却举足轻重。

犹太教是一整套宗教礼仪，它是一个宗教组织。犹太会堂、拉比署、割礼、受戒礼、守安息日、祈祷、赎罪、献祭等，无不散发着神秘的气息。

具体地说，犹太教的基本教义是：信仰宇宙独一真神耶和华，他创造并主宰宇宙万物；上帝与人之间无需中介，直接面对，犹太人不崇拜任何一个在人世活过的人，伟大的摩西是先知，而不是神；犹太人是先祖亚伯拉罕与耶和华立约的选民，缔约的犹太人必须接受上帝对他们的严格戒律，这样上帝才会最终拯救他们；在某个时候，上帝必派弥赛亚降世，拯救万民，新的大卫王将重建以色列国于耶路撒冷，用正义、公正和真理实行统治。

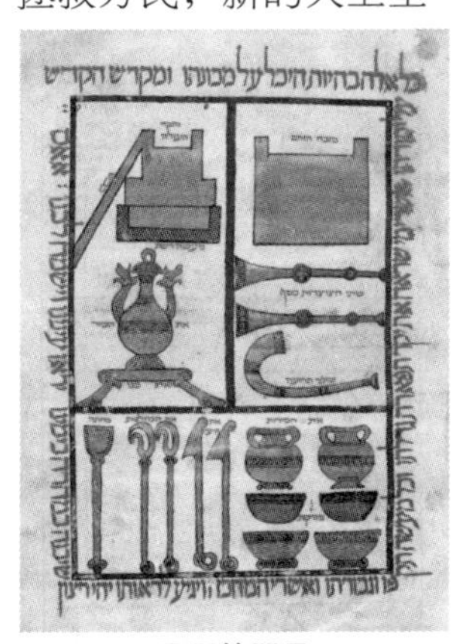

圣殿的器具

《圣经》书影，现藏巴黎法国国立图书馆。

犹太教的教义包括：《旧约圣经》前5卷（也称《摩西五经》或《律法书》)、《先知书》8卷与《圣文集》11卷，共24卷，也称《二十四书》。此外，进入拉比犹太教时期，还有从2至6世纪编纂的口传律法集《塔木德》，该书是犹太教仅次于《旧约圣经》的第二经典。《塔木德》将《律法书》(也称《托拉》)中的戒律归纳为613条，正戒248条，反戒365条，这些戒律涵盖了犹太人的一生。在这613条戒律中，最重要的就是“摩西十戒”。十戒规定：

1. 耶和华是唯一的真神，除耶和华之外，不可有别的神；2. 不可敬拜偶像；3. 不可妄呼上主的名；4. 应守安息日为圣日，其他六日应勤劳耕作；5. 当孝敬父母；6. 不可杀人；7. 不可奸淫；8. 不可偷盗；9. 不可作假证陷害人；10. 不可贪人钱财及物品。这“十戒”表面上看来束缚人的自由，其实是最起码的做人准则和道德约束。其他戒律貌似琐碎，其实正是犹太人智慧的基因库。

犹太教的发展主要包括如下几个阶段：

其一，创建时期，摩西率以色列人出埃及并在西奈山传十戒及律法，是犹太教的雏形。

其二，先知运动时期，时间是从公元前 8 世纪中叶到公元前 5 世纪，从所罗门王死到巴比伦之囚，犹太人中涌现出大量“义人”（亦称先知），为犹太人的生存和伦理观建设谱写了光辉篇章。先知的言行被收录在《旧约》的《先知书》中。

其三，第二圣殿时期（公元前 516 年到公元 70 年），这是犹太教的中兴阶段，犹太人重返故土，《律法书》正典编纂完工，犹太教最终形成。

其四，拉比犹太教阶段（公元 70 年到 630 年），第二圣殿被毁，犹太会堂成为宗教活动的中心，贤德的教士（又称拉比）成为犹太人的精神领袖。犹太教的口传律法集《塔木德》完成，成为犹太人的生活伴侣和生存的法宝。

其五，中世纪犹太教阶段（公元630年到17世纪中叶），1000多年漫长的中世纪是犹太人遭迫害最深的黑暗年代，虽然有过短暂的西班牙黄金时间，但反犹主义浪潮一浪高过一浪，犹太人苟延残喘。公元8世纪，犹太教中的卡拉派渐渐对《塔木德》的权威性产生怀疑，犹太教处于向何处去的关键时刻，此时摩西·迈蒙尼德应运而生，主张犹太教要突破一切繁琐的清规戒律，与当时的科学和哲学协调起来，并为犹太教归纳了十三信条，对后世犹太教影响很大。

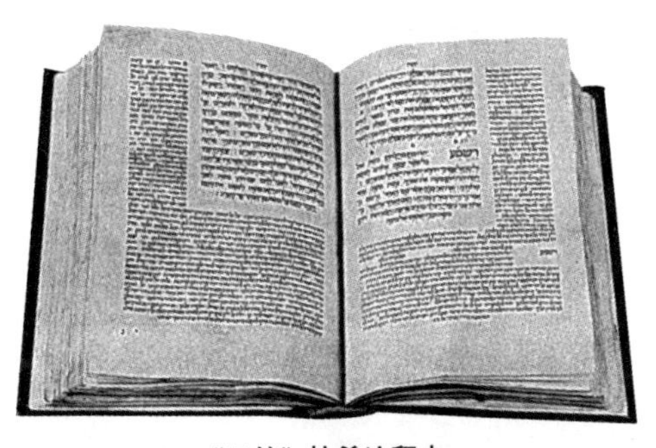

《旧约》拉希注释本

拉希（公元1040～1105年）注释的《旧约》被公认为权威文本。

其六，启蒙运动和宗教改革时期（17世纪中叶以后），西方近代科学的发展对犹太教教义和神学思想提出了挑战。西欧犹太知识分子发现《律法书》中的许多论述有悖于自然规律，怀疑《律法书》是后人所作。以德国启蒙思想家摩西·门德尔松为首的一大批犹太知识分子则否认拉比的权威，反对《塔木德》，认为它与现代文明

以斯科普山为背景的犹太区、西墙及岩石穹顶清真寺。第二圣殿被毁后（公元70年），圣殿山西墙的顶部也遭到破坏。这是重建好的西墙。

生活相冲突，呼吁争取权利平等，反对民族歧视，主张犹太人冲破宗教束缚，摆脱文化孤立状态，革新传统生活方式，积极进入欧洲文明的大门。在这股思潮冲击下，自 19 世纪起，犹太教中出现了三大派别：改革派、保守派和正统派。

改革派主张反对自我孤立主义，积极与居住国民族融合。他们认为宗教真理是不断嬗变的，应该经得起理性的检验。宗教礼仪和传统生活方式应与时俱进。保守派主张接受现代科学，但认为宗教的意义在于领会并实践其精神实质，而不拘泥于形式，不同意改革派的某些过激主张。正统派主张可以接受现代文明成果，但这对犹太教来说只是从属地位，犹太教的信仰和传统都不能改变。

看来，无论是《旧约》，还是《塔木德》，不完全是金玉良言，也有与现代文明相悖之处。笔者主张不做教徒，而要做学者，仔细研究，认真分析，积极借鉴，认真体会犹太人的超凡智慧和现代性。

第三课　变了模样的儿子

阿瓦拉罕在二十多岁时就漂洋过海，从波兰去了美国纽约，投奔表哥。经过二十多年的努力，他已经成为一名富有的女式上衣制造商了。

第二次世界大战爆发前夕，他终于赶回贫穷的小村庄，看望年迈的双亲。两位老人喜出望外，激动万分。

“你的络腮胡子哪去了，阿瓦拉罕儿？”母亲问道。

“我将它剃掉了，母亲。”他答道，“在美国，人们不兴留胡子。而且现在大家也不叫我阿瓦拉罕，我已经去法院改名为阿兰·摩尔。”

老两口面面相觑，许久说不出话来。父亲迟疑了半天，又问：“孩子，你的包皮还在吗？”

刚刚行完割礼的犹太婴儿

这虽然是一则笑话，却是犹太教徒的真实写照。口音、毛发、名字都可以改变，但割掉的包皮恐怕很难再长出来了。

事实上，犹太人早已成为一个宗教概念，不管是否为犹太母亲所生，只要皈依了犹太教就是犹太人。前以色列内政部副部长鲁费森系犹太母亲所生，但他是一位天主教神甫，在他申请移居以色列时，劳工机构只承认他获得以色列公民权，但不承认他是犹太人。目前，各教派已达成共识，一致认为判定犹太人的标准有两条：一是是否行割礼，这是上帝与亚伯拉罕立约的证据；二是是否守安息日，这是上帝与摩西在西奈山立约的标记。

渊源甚久的犹太割礼及行割礼用的银制包皮割刀等用品。

“割礼”就是割去阴茎的包皮，一般选定男婴出生后的第八日施行，礼节非常隆重。上帝用六日创世，第七日为“圣日”，第八日则成为世界的开端。割礼既是犹太人履行和上帝的约定的举动，也成为犹太人种族的标记。因此，犹太人的割礼不仅割在肉上，还割在心上，更割在灵魂深处，从而达到种族的纯净和对上帝的忠诚。犹太作家马拉默德的小说《店员》就是对“割礼”最好的注解：弗兰克为了与海伦结婚，不仅经受了多次精神磨难，还割去了包皮，在他的精神和肉体上都打上了犹太人的烙印之后，才为犹太之家所接纳。此外,犹太男孩满 13 岁或女孩满 12 岁，还要到犹太教堂行成年礼。

“安息日”自然是犹太人最重要的节期，其风俗是犹太人头等重要的规则，也是休息日、欢乐日和圣日的三位一体，任何人都不能违背。安息日的时间是：从星期五晚上太阳落山到星期六晚上太阳落山。在安息日夜晚，家庭主妇要点燃蜡烛，整整一天不准熄灭，并举起双手感谢上帝。家里 13 岁以上的男子还要去会堂做安息日祈祷，祈祷完毕后进行丰盛的晚宴。安息日这天任何犹太店铺都不开门,所有犹太人都专心休息学习。后来,《塔木德》规定，在下列特殊情况可以不守安息日：病人病危、妇女生产、房子着火或敌人来犯。正因如此，犹太思想家阿哈德·哈姆才说：“与其说犹太人遵守安息日，不如说安息日维系了犹太人。”

此外，犹太人的重要节日还有:新年、住棚节、赎罪日、普珥节、逾越节等，同样非常有趣。

新年，又名“吹角日”，在犹太民历 7 月 1 日、2 日两天。在《圣经》中，它被规定为新一年的开始。但这一天不是个欢快的日子，人们只是默默地休息，并吹羊角号以示隆重。《塔木德》又称其为“审判日”和“纪念日”，认为在这一天所有人都要在上帝面前经过，并接受其审判。上帝的审判分成三种情况：最好的人当即被判决并记入《生簿》，最坏的人则被载入《死簿》，一般人等到“赎罪日”再判。于是，新年成了犹太人自我反省的节日。

住棚节又名结茅节、圣幕节、收获节或棚舍节，于赎罪日后第五天，即犹太民历的 7 月 15 日起，一周后结束。

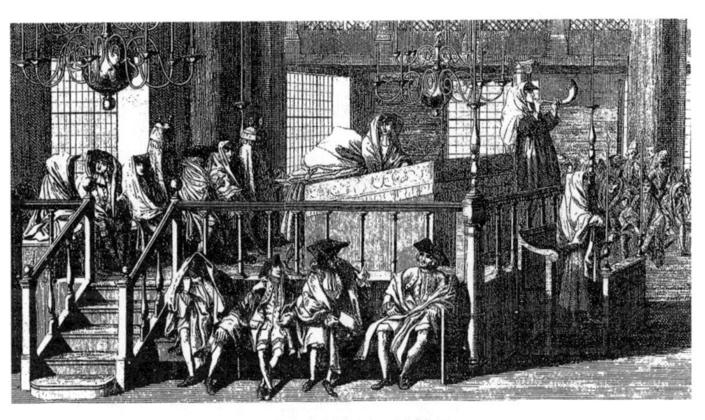

18世纪吹羊角号的情景

在犹太教新年，人们吹羊角号，象征着亚伯拉罕将以撒绑在祭坛之前，祭杀了公羊，羊角被放在树丛中。

《哈伽达赫》

这是犹太教徒在过逾越节时使用的礼拜用书。图为16世纪的克里特抄本。

这个节日是为了纪念犹太人出埃及，在西奈沙漠住帐篷的艰苦岁月而设。同时，这也是农民欢庆丰收的节日。每到这一节日，许多家庭驱车前往乡下，住帐篷，吃水果，尽情欢乐，回归大自然。

新年过后的第十天，是犹太人的赎罪日。这个节日犹太人不吃不喝，禁止一切娱乐活动，反省和忏悔自己的罪孽，并要举行隆重的赎罪祭仪式。礼仪是这样的：两只活的公山羊，通过拈阄，一只宰了作祭，另一只要放到旷野，替人们担当一切罪孽。这就是有名的“替罪羊”的来历。人不一定伟大，但可以使自己崇高。

逾越节是在犹太民历“尼散月”（正月）4日到21日，约相当于公历4月，是为了纪念耶和华佑助犹太人出埃及而设的节日。逾越节又名自由节，是犹太家庭把盏欢宴的时刻。宴会中，人们通过讲述历史来缅怀苦难。宴会上摆有嫩芫荽，象征春天万物成长的希望，烤鸡蛋表示古代圣殿中的祭品，硬鸡蛋提醒人们超越死亡的人生，盐水象征犹太人为奴的泪水，苦菜代表受奴役的苦楚，无酵饼则是摩西率众寻自由时吃过的食品。改革派只庆祝一夜，正统派过两夜，次日到圣堂参加集体庆祝活动。

五旬节是从逾越节的第二天起，到 50 天结束，是犹太人收割和庆祝成熟的节日，那时正好是开镰之日，人们连续 7 周，一边收割一边庆祝。

犹太民历 6 月 14 至 15 两日是普珥节，是狂欢节，是犹太人获救的日子。

灯节的正式名称叫哈努卡节，是为了纪念公元前 164 年犹大 · 马卡比起义，胜利收复了耶路撒冷、净化圣殿而设的节日。犹太人说 :“什么节日都可以取消，哈努卡节和普珥节永不会取消。”这是犹太人民族精神的象征。

犹太人的节日非常多，但任何节日都不具政治色彩，无不散发着浓浓的人情味和人文精神，让人感受到生命的悲欢和历史的律动。

第二章　寻找另一个地球

别让邪恶的眼睛盯上。

——犹太格言

我们对我们的以色列同胞的要求很简单：他们应当成为德意志人，直截了当地感觉自己是德意志人——不损害他们的信仰和他们古老神圣的我们大家都尊敬的回忆；因为我们不想要在千年之久的日耳曼的风俗习惯之后来一个德意志—犹太人的混合文化。

——亨利希·特莱奇克《我们的展望》

有个犹太商人很久没有度假了，很想出去散散心。五十多年前，第二次世界大战前夕他从波兰逃亡到美国，现在幸运地活到60岁。前不久妻子刚过世，孩子们都劝他出国走走。

他走进一家国际旅行社，导游小姐非常热情地递给他导游小册子和地球仪，并说："您指到哪儿就去哪儿，我们会为您安排满意的旅程。"

这幅壁画描绘的是遭受纳粹德国迫害的德籍犹太人辗转流亡到达纽约时的情景。

老头盯着地球仪看了半天，自言自语："这是苏联，哼！谁去这个沙皇的故乡？""这是波兰，哦，我出生的地方，噩梦一般，我再不想看它一眼！"于是，他将地球仪旋转起来，看能否找一个合适的去处。"呸，这是德国！纳粹之国，他们整整杀了600万犹太同胞！哦，谢谢，让它见鬼去吧！"

公元70年耶路撒冷的毁灭

大卫·罗伯茨，1842年作。伦敦斯特普尔顿艺术馆藏品。

"选好去哪儿了吗？"导游小姐笑眯眯地问他。

"小姐，我哪儿也不想去，能不能另换一

个地球仪？”

可怜的老先生，换了地球仪还不是一样，哪里有您的天堂？从古到今都有反犹主义分子狰狞的面容。

第四课　长久的记忆力

小玛丽喜欢和她同桌的那个大眼睛小男孩，一有空儿就向班主任打听他的情况："他是哪里人？"

"哦，当然是美国人，和你一样。"老师回答说。

"我知道，"玛丽回答说，"可他还是什么？"

"哦，"老师迟疑了一下说，"嗯，那个，他还是个犹太人。"

"什么？"小孩子惊呆了，"他这么小就成了犹太人……"

这虽然是一则笑话，却充分说明了反犹主义的根深蒂固，竟连美国这个"犹太人的第二故乡"也概莫能外。另一则故事则更令人深思：

在19世纪的下半叶至20世纪的头十年，沙皇俄国是犹太人最集中的地方。但是，由于反犹主义倾向的影响，犹太人上学和就业都非常困难。

两个年轻的学生，一个是基督徒，一个是犹太人，共同竞争某学校的一个空缺名额。

首先进去面试的是那个基督徒。一刻钟后，他喜气洋洋地出来了，宣称自己已被录取。

“我早知道考试只是个形式，录取谁你们早打定了主意。”犹太学生怒气冲冲地冲进房间。

考官威严地答道：“是这样的，他向我们显示了非常惊人的记忆力。”

“真的吗？他的记忆力惊人到什么程度？”

提图斯拱门浮雕中的大烛台
此拱门是为庆祝罗马皇帝提图斯在经过漫长的围困后于公元70年攻陷耶路撒冷而建。

“他告诉我们许多生活的细节，其时他才5岁。”

犹太学生反唇相讥：“这算什么，我的记忆能够回忆起我出生刚八天的事情，就在那天，我动了一个小小的割皮手术，而正是这次小手术让我永远成不了这里的学生。”

“割礼”是犹太人的第一特征，所以只要是犹太人，便永远成为反犹主义的牺牲品。

所谓“反犹主义”，指的是一切憎恨、厌恶、排斥、仇

巴比伦之囚

视犹太人的思想和行为。在人类历史上，反犹主义是普遍的、持续的、暴虐的，并具潜意识性和再造性。

所谓普遍性，指的是世界上至少有 30 个国家不止一次地排犹。以公元 13 世纪到 15 世纪左右的历史为例：1290 年，英国下令驱逐了所有居住在英伦三岛的犹太人；1306 年到 1394 年，法国数次驱逐犹太人；1349 年到 1360 年，匈牙利也数次驱逐犹太人；1421 年，奥地利也开始驱逐犹太人；德国、立陶宛也大肆驱逐犹太人；1492 年，西班牙下令逐出全境犹太人，人数达 40 万之众；1497 年，葡萄牙也效仿西班牙，将犹太人全部逐出。其他年代，其他国家的排犹事件则数不胜数。即使日本这样几乎未和犹太人打过交道的国家，也曾出现异常猖獗的反犹主义浪潮。

所谓持续性，指的是世界上反犹主义的历史太长了，而且从不间断。从古希腊、古罗马时代，到基督教时代初期，再到伊斯兰教兴起时代，再到中世纪犹太宗教改革时期以及 18 世纪欧洲的启蒙运动时期，一直到 20 世纪的希特勒屠犹，大小反犹运动，此起彼伏，数不胜数。另据最新资料，斯大林也曾打算把苏联境内的500万犹太人流放到一个荒僻的地方，火车都安排好了，因斯大林去世，此计划才没有实施。

反犹主义的第三大特点是它的暴虐性。无论是埃及的法老，还是波斯的哈曼；无论是“巴比伦之囚”，还是犹太隔都；无论是十字军东征，还是希特勒的“最后解决”，犹太人到处被驱逐、围剿、毒打、歧视、折磨和屠杀，大规模的集体迫害频频发生。不说二战，仅公元134年，罗马人镇压犹太人第二次起义，一次就杀害55万犹太人。十字军东征时期，宗教狂热分子喊着“干掉一个犹太人，以拯救你的灵魂”的口号，疯狂地发泄对犹太人的不满。犹太人的居住区被洗劫一空，房屋被付之一炬，居民被集体屠杀，一小部分犹太人为了活命被迫接受洗礼，数以万计的犹太人惨遭厄运流落他乡。在俄国，反犹报纸以犹太学生在俄学校中的比例很高为由大肆喧嚣，掀起一股屠杀犹太人的狂热。俄国内政部规定：消灭三分之一的犹太人，驱逐三分之一的犹太人，完全同化三分之一的犹太人，结果2万犹太人被驱逐出境。

反犹主义的第四大特征是它的潜意识性和再造性。由于反犹主义的宣传深入人心，许多基督教儿童从小就视犹太人为敌人。英国作家乔叟在其代表作《坎特伯雷故事集》中将犹太人描绘成出于宗教礼仪的目的残杀基督教儿童的凶手；莎士比亚在《威尼斯商人》中指责犹太人是不惜割取人肉的高利贷者。而其时，犹太人早已被逐出英国100年和300年，两位作家绝无可能接触到犹太人，他们的反犹主义思想无疑是潜意识继承而来的。于是，犹太人成了全世界经常性的和传统性的仇恨和杀戮目标。固守犹太教规的犹太人被指责为民族沙文主义者，同化了的犹太人则

古巴比伦的废墟

此处就是公元前586年尼布甲尼撒征服犹太王国并摧毁所罗门圣殿后，犹太人被放逐并遭奴役之地。

被指责为以同化手段毒害非犹太人的第五纵队，富有的犹太人被视为国家的吸血鬼，贫穷的犹太人被看成社会的负担。正如平斯克所言："对于当地人，他们是异己和流浪者；对于有资产者，他们是乞丐；对于穷人，他们是剥削者和

百万富翁；对于爱国者，他们是没有祖国的人；对于社会各阶层的人，他们是令人憎恶的竞争对手。”

第五课　谋害带来的拯救

一个犹太人找他的拉比，“拉——拉——拉比，我终于找——找——找到一份工——工——工作。”“什么工作？”拉比问。

“反——反——反犹主义——播——播——播音员。”这个结巴的犹太人高兴地回答。

足见反犹主义势力多么疯狂。面对迫害，犹太人心惊肉跳。从另一则传说发生在俄国的故事中同样可见一斑：

一个基督教家庭的小女孩被发现遭人谋害了，这使该地区的所有犹太人都惊恐万分，生怕犹太社区遭到怀疑和灾难。于是，犹太教堂召开紧急会议，商讨如何渡过难关。正在此时，一个犹太老人喜出望外地喊道：“好消息，好消息！”整个犹太会堂立刻鸦雀无声。

“大家不必害怕了，那个被害的小姑娘是犹太人！”来

圣约柜

人回答。

那么，究竟为什么全世界都歧视犹太人？

据许多学者分析，犹太人遭迫害的主要原因，就是他们的犹太性。所谓犹太性，指的是犹太人的信仰——犹太教。如前所述，犹太教是“一神论”，认为世界上只存在一位真神，就是犹太人的上帝，所有其他的神和偶像崇拜都是虚妄的。罗马皇帝朱利安就曾指责说，犹太人对自己的神崇拜得五体投地，可对他人的神却从来不敬不奉。公元1世纪，罗马皇帝卡利古拉对此也非常反感。后来，一个犹太代表团专程去晋见并解释此事，卡利古拉皇帝斥责道：“须知，你们是唯一不承认我的神权的民族，然而，你们却在同时崇拜一个连名字都不敢说出来的神。”当犹太代表团向他说明犹太人已经以他的名义在犹太人的圣殿献了三次祭时，卡利古拉十分恼火地说：“是啊，你们替我献了祭，却从来不向我献祭！”是啊，既不向其他的神献祭，也不拜祭世俗的皇帝，除了犹太人外，没有哪一个民族敢于如此狂妄。中世纪发生的种种反犹暴行，就是因为犹太人拒绝被同化和接受基督教的洗礼，从而丧失自己的民族性。

对此，天主教神父弗兰奈说过一席颇具代表性的话，他说：“把来自上帝普世适用的道德法带到我们这个世界的不是别人，而是犹太教。”不论愿意与否，犹太民族在历史上一直肩负着这一使命，单凭这一点，人们就永远也不会原谅犹太人。因为犹太人狂妄的“一神论”，认为自己是唯一的“上帝的选民”以及不服从任何偶像，这种行为既令人反感，也威胁着其他民族宗教信仰的存在，同时让许多皇帝恼火，结果可想而知。正如当代著名心理学家欧内斯特所言：“虽然人们不敢对万能的上帝表示愤怒，却可以对那些创造出上帝的人表示愤慨，对那些上帝通过他们显现，并使其他人不得不接受这一上帝的人表示愤怒。”基督教和伊斯兰教都是犹太教的衍生物，那么基督教徒和伊斯兰教徒对犹太教的态度同样可想而知。

犹太人的犹太性除了表现在“一神论”以外，还表现在犹太人对犹太 613 条律法的严格执行。犹太先知迈蒙尼德早在 12 世纪就这样论述：“犹太人有义务向世界公开他们的真实信仰，不向来自任何方面的威胁低头。即使是面对暴力迫使我们放弃信仰的暴君，我们也拒不服从。”犹太律法中一系列对犹太人生活的禁忌，使犹太人长期以来一直离群索居，成为“古怪和与社会格格不入的群体”，从而招致人们的反感和猜疑。因此，反犹主义的泛滥和持续发生便不言而喻。况且，有多少少数民族在异族的铁蹄下消失，这也是历史的残酷性。

第六课　“犹太人不应该存在于这个世界上”的怪论

对于反犹主义者来说，摆在犹太人面前的只有三条路：要么改变宗教信仰，要么被驱逐，要么遭屠戮。问题是，即使犹太人改变其宗教信仰，也不能改变反犹主义者的仇恨。英国首相狄斯累利，俄国革命家托洛茨基，德国思想家拉萨尔都曾否认自己是一个犹太人，但周围的世界却始终都认为他们是犹太人，根本不承认他们的同化努力。于是，犹太人只好惨遭流浪和被屠戮的命运。二战时的德国法西斯头子希特勒，把历史上的反犹主义推向了顶峰，为了一劳永逸地解决犹太人问题，使出了最残忍的一招——“最终解决方案”，一下子杀害了600万犹太人。

然而，据后来的一些报道，希特勒本人很可能就是有四分之一血统的犹太人。消息说，希特勒的祖父是犹太人，由于和自己的女佣发生了关系，生下了希特勒的父亲，这样希特勒就具有四分之一的犹太人血统。

不管这些报道真实与否，希特勒是否是犹太人，但犹太人却永远忘不了这个杀人魔王及其著作《我的奋斗》。

希特勒在《我的奋斗》中无耻地污蔑和贬斥犹太人：

犹太人本身，绝无什么文化可言。他们的智力都是因为和邻近他们的文明相接触而得到发达的。

犹太人散遍于世界各地，这确实是一切寄生虫的特征……

他们的智力愈是富足，那他们的欺诈也愈能奏效。

犹太人把那些和他们竞争的人完全驱逐了出去，再发挥他们贪婪的本性，使工会运动能够立足于暴力之上……

1933年1月30日，希特勒被任命为德国总理。他一上台，就着手推行他的排犹政策。同年6月，他在国会发表狂热的演说："人生来就是不同的，"他那尖刻的喊叫在国会大厅里回荡，"我们今天所看到的文化，即艺术、科学和技术所取得的成就，几乎全是雅利安人创造的。"

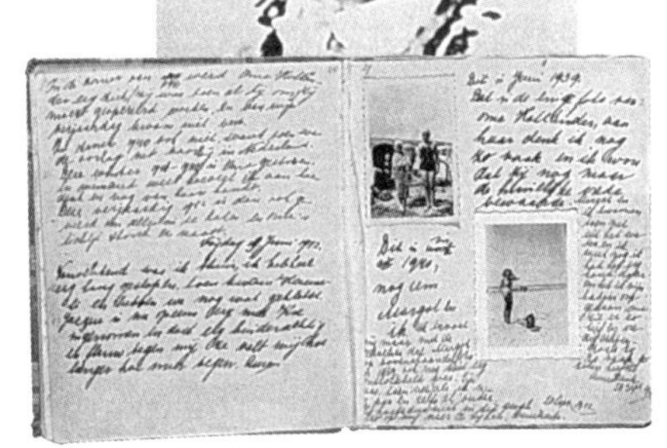

安妮·弗兰克及《安妮日记》手稿，是犹太大屠杀教育的生动教材。

在希特勒看来，犹太人是欧洲社会中的一个野兽，必

攻占约法特：约瑟福斯被提图斯捉拿

15世纪后半叶在法国出版的约瑟福斯所著的《犹太战争史》一书的插图。法国，尚蒂伊·康德博物馆收藏品。

须予以彻底消灭，他说："今天我敢于再做一次预言：倘使欧洲内外的国际犹太金融势力能够使各国再一次陷入一场世界大战的话，那么其结果绝不会是全世界布尔什维克化和随之而来的犹太人的胜利，而是欧洲犹太民族的彻底消灭。""这场战争的结局是，要么雅利安人被消灭掉，要么犹太人从欧洲完全消失，两者必居其一。"

不久，这种反人类的理论就成了部分德国人的正式信仰。一些教授和科学家竟然也支持这种疯狂的谬论。他们发表声明说："实际上，人们创造的一切都是由种族和血统决定的。"在科学院院士的一片喝彩声中，帝国宣传部长策划了一次公开焚毁海涅、托马斯·曼、爱因斯坦、左拉和弗洛伊德著作的活动。

于是，德国人开始像喝醉了酒的醉汉一样，一起举起了他们的右手喊道："嗨，希特勒！"

第三帝国走向战争的步伐一天比一天坚决，它对德国和奥地利犹太人的迫害也日益残酷。

希特勒给犹太人重新下了一个定义：凡是曾祖父母中有三人是犹太人的均是犹太人，将犹太人分为四分之三犹太人、二分之一犹太人和四分之一犹太人。可想而知，凡是有点犹太血统的德国公民当时的处境都是相当困难和危险的。

1938 年 3 月 12 日，德国军队越过了奥地利边界，奥地利帝国遂与德国合并，接受了反犹法令。于是，45万奥地利犹太人也开始遭到残酷迫害。紧接着波兰、丹麦、挪威、荷兰、比利时、卢森堡、法国、意大利、匈牙利等国的犹太人都遭到了纳粹的迫害。尤其是当1939年7月纳粹通过“最后解决犹太人问题的计划”后，纳粹对犹太人的迫害更为疯狂。

希特勒

党卫军像恶魔一般对它所占领地区的犹太人进行血腥屠杀。犹太人被赶到一个地方，当即就被枪杀，然后被抛进尸骨累累的万人坑。煽动当地居民灭犹的灭绝令到处散发，数以百万计的犹太人还没弄明白是怎么回事就被赶到另外一个世界去了，有时整个地区变成了一个罕见的巨大墓地。欧洲大地到处冤狱遍布，哀鸿遍野。令人发指的是，德国法西斯不仅要处死他们，而且还掠夺犹太人的金牙，许多士兵大发横财，用犹太人的骨头做磷肥，用犹太人的皮做灯罩，用犹太人的人油做肥皂。单用枪处决的办法法

《我的奋斗》

这是一本极力宣扬种族主义理论和建立大帝国梦想的著作。

狂热演讲中的希特勒

西斯觉得太单调，他们就改用集体淹死、烧死、毒死、活埋等方法。在著名的奥斯威辛集中营，仅1943年一年里，纳粹就用火刑和毒气处死250万犹太人，还有50万人死于饥饿和疾病。其手段之残忍，数量之惊人，简直令人发指！更使人不堪回首的是，在集体屠杀犹太妇女儿童的过程中，善良的母亲怕孩子在毒气室被窒息而死，便一直将孩子紧紧地贴在自己的怀里，为的是让孩子能有一线求生的希望。但是，法西斯刽子手为了将他们斩尽杀绝，便将孩子从母亲手中抢过来，扔进专门为烧死犹太人而做的焚尸炉中，不知有多少儿童被活活烧死！600万犹太人，占全世界三分之一的犹太人被纳粹杀戮！

盟军解放布申沃尔德时，那些瘦得皮包骨的尸体正等待被火化。

第七课　希特勒反犹的真正原因

关于希特勒反犹的真正原因，几十年来一直是历史学家们争论的话题。

有的人认为，希特勒的祖父可能是犹太人，希特勒的父亲是他的祖父和其女仆的私生子，因而希特勒有四分之一的犹太血统。希特勒由于仇视自己的出身，因而也就仇视犹太人。

有的人说，希特勒曾爱上一个金发女子，但后来被一个犹太青年抢走，因而希特勒仇视犹太人。

还有人说，希特勒曾同一个犹太妓女鬼混而染上性病，造成了希特勒终生再不能过性生活，因而希特勒憎恨犹太人。

有的人认为希特勒反犹的根源在于其“变态心理”，这种心理有一种说不清的虐待和屠杀欲望。

还有人认为，希特勒反犹可能是出于一种“性嫉妒”。因为《我的奋斗》里说“成百上千个姑娘被可恶的罗圈腿犹太杂种引诱的梦魇感觉”，这正说明了希特勒有一种“性嫉妒”的心理。

说法还不止这些，但大多不能自圆其说，有捕风捉影之嫌。倘若我们仔细研究一下希特勒，不难窥出希特勒反犹的真正原因：

其一，宗教倾向和种族主义是希特勒反犹的思想根源。

在希特勒流浪维也纳的时候，希特勒曾阅读过大量的宗教著作，他相信张伯伦所说的：耶稣不是犹太人，犹太人就是出卖耶稣的那个犹大的后裔，因而犹太人是一个罪恶的民族。世界性的反犹原因大多缘于此。

在《我的奋斗》里，希特勒大肆宣扬其种族优劣论。“所有的文明都起源于白种人”，在各个人种中“白种人最高贵”，而“雅利安人又是白种人当中最高贵的人种”。“犹太人始终只是其他民族身上的寄生虫……像一种有害的芽孢杆菌那样扩散着……他在哪儿出现，被寄居的民族或迟或早就会死去”，因而，犹太人“必须从地球上消失”。

“一切有机生命的自由竞争，优胜劣汰，弱肉强食，是大自然的原则和铁的规律”，而犹太民族是“劣等民族”。

总之，希特勒在《我的奋斗》里大肆渲染可怕的“生存空间论”和“种族优劣论”；发泄对犹太人、民主主义和马克思主义的刻骨仇恨。正是在该书的思想指导下，德国

纳粹分子的宣传布告

在1936年纽伦堡出版的画书上，纳粹分子的宣传引起了人们对犹太人的普遍敌意。

走上了穷兵黩武和滥杀无辜（主要是犹太人）的道路。

据历史学家统计，《我的奋斗》一书从1933年至二战

结束，一直主宰着纳粹德国的政治。经统计，其书中的每一个字意味着 125 人丧失生命；每一章，意味着 120 万人死亡。

其二，反马克思主义是希特勒反犹的政治原因。

由于马克思的阶级斗争理论对种族主义的彻底否认，希特勒把马克思主义视为洪水猛兽。在《我的奋斗》里，希特勒认为犹太人利用马克思主义学说“毒害德意志民族的灵魂”，把民族划分为阶级，控制马克思主义政党和工会搞阶级斗争，“破坏民族经济”，“又掌握共济会、知识界、新闻报刊，宣传国际主义、和平主义、人道主义”。因此，若不“肃清马克思主义”，德国就不能重新崛起。此外，希特勒还大肆宣扬“共产主义的威胁”。他说，“犹太人利用资产阶级反对封建世界，现在又利用工人反对资产阶级”，指望在工人的生存斗争中找到“一条建立犹太人自己统治的道路”，世界面临着“马克思主义征服浪潮的胜利进军”。封建君主抵抗不了，威廉二世就成了“第一个跟马克思主义的领袖们握手言和的德国皇帝”，结果社会民主党搞了十一月革命，“在德国背上捅了一匕首”，导致德国的崩溃。

“犹太人斗争的最终目的不仅力图在经济上奴役世界，而且力图在政治上奴役世界。当犹太人借助他的马克思理论战胜世界各国人民的时候，犹太人的王冠便是人类死亡的十字架……”

有趣的是，希特勒痛恨的两种东西，“犹太人”和“马克思主义”现在奇妙地结合在一起了。因为不仅马克思本人是犹太人，而且许多革命家也是犹太人，海涅、拉萨尔、伯恩斯坦、卢森堡等，这些人都是革命的急先锋；而十月革命后，苏联的布尔什维克党建立了革命政权，其中的大部分领导人也都是犹太人：托洛茨基、斯维尔德洛夫、季诺维也夫、加米涅夫、拉狄克、明仁斯基等，苏共政治局常委 24 人中，一度有 16 人是犹太人。犹太人在俄国的政治地位震动了欧洲的资产阶级，希特勒称之为“犹太—布尔什维克主义”。此外，德国十一月革命后成立的人民代表委员会的 6 名委员中有 2 名是犹太人；巴伐利亚革命的主要领导人埃斯奈尔、列威纳、托勒尔等都是犹太人；德国历史上有名的《魏玛宪法》也是由犹太人普鲁斯和拉铁诺起草的；匈牙利家喻户晓的革命领袖贝拉·库恩也是犹太人，在匈牙利苏维埃共和国的 32 名委员中，犹太人占 25 名。这样，犹太人便成了马克思主义的代名词，要想铲除马克思主义，首先必须消灭犹太人。

其三，经济“雅利安化”和军事化是希特勒反犹的经济原因。

19 世纪以来，随着资本主义经济的迅速发展，犹太商

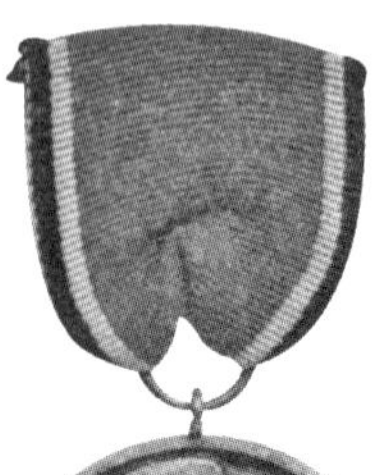

纳粹党核心权力集团中的长幼尊卑可以由勋章来标明。

人成了资本主义的代表。犹太人几乎垄断了欧洲的新闻、医疗、金融、法律和教育等行业，这使当时支持纳粹党的垄断资产阶级对犹太商人非常痛恨，千方百计想取而代之。希特勒为了迎合这些为自己上台立过汗马功劳的中产阶级的利益，自然也会采取排犹政策，同时又可以大量掠夺犹太人的资产，为自己称霸全球的战争野心打好经济基础。

希特勒在《我的奋斗》里列举了犹太人的罪状：犹太人掌握着“国际金融资本”，是“嗜血犹太人”和“交易所强盗”，“犹太人是彻底摧毁德意志帝国的最大煽动者。世界上对德国的攻击，其炮制者都是犹太人”。第一次世界大战前，犹太人开展“反对德意志重工业的持久战争”，“使德国经济国际化”，同时又“使英法犹太化”，煽动英法同德国打仗。总之，犹太人是德国“外部的敌人”。

基于上述原因，希特勒掀起了经济“雅利安”运动，大量掠夺犹太人的财产，即使为德国兴旺作过重大贡献的罗斯柴尔德和温曼斯财团，也没能逃脱被掠夺财产的“雅利安化”的命运。仅 1938 年 11 月的“水晶之夜”，犹太人就被掠夺了 10 亿马克，这个数字相当于 1938—1939 年德国预算年度国民收入的 1/82。

此外，希特勒为了控制德国周围的西班牙、匈牙利、奥地利、波兰和罗马尼亚等国家，还建立起了欧洲的统一反犹阵线，这是希特勒反犹的国际原因。因为只有犹太人是日耳曼人的竞争对手，要想称霸欧洲、称霸世界，只有将犹太人彻底消灭。于是他导演了整个人类文明进程中的一场大悲剧。

第八课　天国里的犹太人

世界上另一个反犹主义盛行的国家就是沙皇俄国，有许多故事可以证明那些生活在“天国里的犹太人”。

故事一

两个犹太人不小心掉进了河里，他们不停地喊：“救命啊！救命啊！”可过往的行人毫无反应。此时，两个警察从旁路过。当他们得知这两个落水者是犹太人后非常高兴：“让他们淹死算了！”一名警察幸灾乐祸地说。

两名犹太人急中生智，高声喊道：“打倒沙皇！”这下可不得了，两名警察立即跳入水中，将他们逮捕归案。

故事二

1881年犹太人被逐出俄国。俄当局捏造谣言，称犹太民族是可怕的、令人厌恶的民族，其目的是为了将因管理不善而引起的国内混乱转嫁到对犹太人的仇恨上。

一名警察发现一个犹太人在学习希伯来语语法。“学那东西干吗？”他盘问。

“为了到天国后与上帝交流。”

“可如果你去了地狱呢？”警察嗤之以鼻。

“哦，别担心，”犹太人回答，“在俄国我早就体会到了。”

故事三

一天深夜，一名犹太人在莫斯科的寓所里，被一阵急促的敲门声惊醒。他喊道：“谁呀？”

一个洪亮的声音答道：“邮递员，赶快起来！”

战争

油画，毕加索作于1952年，由瓦洛里和平教堂收藏。

“你就是 Glatstein 吗？你是不是申请了去以色列的签证？”门外站着两个人。

“是的，我申请过。”

“告诉我，在苏联你饿肚子吗？”

“没有。”

“你的小孩子上学了，对吗？”

“是的。”

“既然如此，为什么还要离开？”

“没什么，因为在这样的国家，邮递员在凌晨三点钟还敲你的门。”

故事四

伊凡是名司机，正带着他的犹太乘客——一个名叫施姆尔的小学教师路过某地。另一名叫作米可慧的司机也带着他的乘客——一个叫作莫施的犹太人教堂杂役，也正路过该地。两人相遇，停车互致问候。

“米可慧，你居然把那个长着马脸的犹太人当做乘客？”伊凡讥笑道。

“那又怎样，他比你车上拉的那名木头人要好。”米可慧反唇相讥。

“我要警告你，米可慧，”伊凡威胁说，“没有人敢于侮辱了我的乘客还能离开的。”

“你这头猪，在和谁说话！你敢再说一句，我就把你的乘客喂了猪吃！”米可慧咆哮起来。

于是，两人跳下车来，各自奔向对方的乘客，打个痛快。两名犹太人被打得鼻青脸肿。很长一段时间后，伊凡和米可慧扬长而去。

真是让人哭笑不得，犹太人稀里糊涂就成了牺牲品。

和平

油画，毕加索作于1952年，由瓦洛里和平教堂收藏。

在法国亦是如此，1894 年发生的“德雷福斯事件”便是明证：一位清洁女工在德国驻法使馆的废纸篓里拣到一封写有法国军事秘密的匿名信，引起法国特工部门的高度重视。炮兵上尉德雷福斯首先成为怀疑对象，怀疑的理由仅在于德雷福斯是个犹太人。当时，法国作家左拉等人挺身而出，伸张正义，结果与德雷福斯一同被判刑，被迫流亡英国。德雷福斯的冤案在 1906 年才得以平反昭雪，真正的罪犯被查出，案情真相大白。其时，德雷福斯已经老态龙钟，头发几乎脱光。犹太复国主义领袖赫茨尔后来写道：“德雷福斯案件不仅是个司法错误，它还反映了绝大多数法国人的心理：判处一个犹太人并借此宣布所有的犹太人有罪。当

烧死犹太人

反映犹太人被迫害的中世纪木刻

有人从德雷福斯上尉的军服上扯掉军官符号时，一群人高喊：杀死犹太人！从此，‘打倒犹太人’就成了一个战斗口号。这一切发生在什么地方？发生在共和的、现代的、文明的法国，而且是在《人权宣言》发表100周年以后……”对这种“反犹太怪癖”，萨特写道：“我曾询问过上百位反犹太人的人，他们说，‘我恨他们，因为他们自私、阴险、难打发、油滑、粗拙，等等。’——‘那么，你们与犹太人接触过吗？’——‘当然没有！’一个画家对我说：‘我敌视犹太人，因为由于用他的批评习惯，他们使得我们的仆人变得不顺从。’更可悲的是，连法国大思想家、启蒙派的百科全书式的领袖伏尔泰也曾认为，犹太民族是‘一个无知和野蛮的民族，他们长期以来将难填的欲壑、最可恶的迷信和对所有宽容并使他们致富的人们最隐秘的仇恨结合在了一起’。最富有理性和开明的哲人尚且如此，更何况一般愚昧褊狭之人呢？”

“德雷福斯事件”的发生，令世界为之震惊。因为法国原本是一个具有法律传统的国家。早在18世纪，启蒙思想家孟德斯鸠就曾写下了不朽著作《论法的精神》，提出了伟大的思想——司法、立法、行政的三权分立，对人类的文明和进步产生了深远的影响。可悲的是，在这样一个自由和民主的国度里，有关当局对诉讼审判工作进行强制性干预，弃证据和事实于不顾，玷污了神圣的法律。庆幸的是，法国还有一大批像左拉一样

左拉

具有良知的知识分子，写下了致共和国总统的公开信——《我控诉》。正所谓，人行不义的趋向成为民主的必要，人行正义的潜能成为民主的可能。

“德雷福斯事件”直接促成了犹太复国主义和法国教会与国家分离的法律，是法国历史上的大事，也是人类文明史上的大事，更是犹太历史上的大事。德雷福斯是一个完全被法国同化的犹太人，足见同化不是免受迫害的保护伞，犹太人只有自己拯救自己。从某种意义上说，反犹主义就是一种反人道主义。正如萨特所言，反犹主义是对人类命运的惧怕，“是一种想变为无情的石头，倾盆暴雨，怒吼的雷电的人。总而言之，是什么都可以，只要不是人”。其实，所有的种族歧视和文化歧视都大抵如此，世人都应警惕。最后再讲一个故事，与大家共勉：

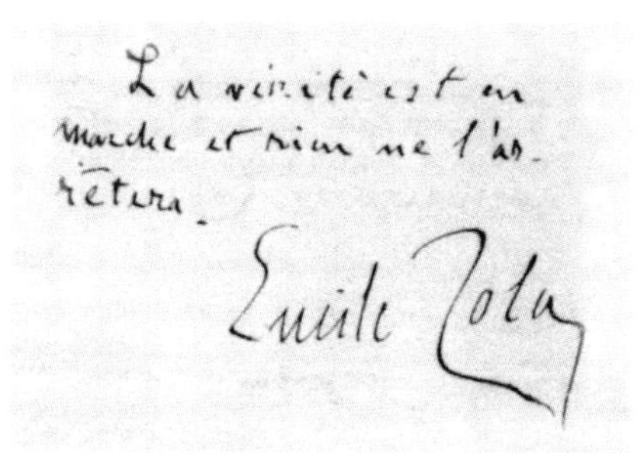

德雷福斯事件期间左拉的明确声明：“真理正在前进，任何东西都无法阻挡。”

一个犹太人到处乞讨，没有一扇门愿意打开，他只好屈辱地离开。

在一个寒冷的冬天，他不幸摔断了一条腿，有人将他送进了医院。

镇上的人为此深感内疚，许多人前来看望他，并送来了衣服、面包和钱。

这个可怜的人给他妻子写信说："感谢上帝，一个奇迹发生了：我跌断了一条腿！"

大部分人总是在别人受伤后才帮他，而不是帮他不要跌倒。

第三章 犹太不灭之谜

即使在最糟糕的情况下，人也不可失去希望。我们相信世事随时都有可能因祸得福，经历痛苦也并非坏事。

——犹太格言

犹太教最忌讳极端。

——《塔木德》

举起戒牌的摩西

在莎士比亚的名剧《威尼斯商人》中，犹太商人夏洛克对反犹主义者做出了强烈的抗议："……他憎恨我们神圣的民族……骂我是异教徒，杀人的狗，把唾沫吐在我的长袍上……他（安东尼奥）曾羞辱过我，夺去我几十万元的生意，讥笑我的亏蚀，挖苦我的盈余，侮辱我的民族，破坏我的买卖，离间我的朋友，煽动我的仇敌，他的理由是什么？只因为我是一个犹太人。难道犹太人没有眼睛吗？难道犹太人没有五官四肢，没有知觉，没有感情，没有血气吗？……要是一个犹太人欺侮了一个基督徒，那基督徒应该怎样？报仇呀。要是一个基督徒欺侮了一个犹太人，那么照着基督徒的榜样，犹太人应该怎样？报仇呀。你们已把残虐的手段交给我，我一定会照你们的教训实行，而且还要加倍奉还哩。”

犹太人正是在这样的厄运中，历尽磨难而不灭，表现出了超凡的民族精神。犹太的民族精神和非同寻常的智慧，是他们不灭的真谛。

第九课　每项习俗后面都有理由

有一则犹太故事：

有一位富裕的犹太商人，在儿子新婚之际，准备大宴宾客，但不收任何礼物。儿子不知道该如何安排座位，向父亲咨询：“今天是我的节日，若按传统的方式，富人坐在首席，穷人坐在靠门的地方，这一定会伤害我。就让我把荣誉给那些穷人吧。”

“想一想，我的儿子，要改变这个世界的传统何其难也。在每一项习俗后面都有很好的理由。穷人参加宴会，一定要让他们大快朵颐；富人参加宴会，才是为了荣誉。一旦让穷人坐在首席，他们就不好意思开怀大吃；而让富人靠门，他们就会感到受了侮辱。”

正因如此，犹太人生存的第一智慧就是适应和忍耐，磨难成为第一财富。适应就要讲究妥协和平衡，《犹太法典》中有这样一则故事：

有两个男人被追杀，他们拼命逃跑，来到一个断崖边，没有桥，只有一条绳子通到对岸。后面的喊声隐约可闻。

第一个男子就像是走钢丝高手一样，很快就到达了对岸。第二个男子紧随其后，等到悬崖边，下面是深不见底的山谷，非常害怕，就大声问第一个人：“你顺利过去，有何诀窍？”

“我也是生平第一次走这种绳子，同样非常害怕。一定要保持身体的平衡，方能化险为夷。”

犹太男孩的成人仪式

仪式在男孩13岁后的第一个安息日举行，标志着他开始承担宗教义务。

有了这样的平衡理念，再加之犹太人超常的忍耐力，自然很快就能适应环境。一位犹太拉比，流亡到一个陌生的地方，他挂出了“民间医生”的招牌，很快就立住脚了。若他仍以拉比自居，在一个贫穷落后的地方，谁会买他的账？犹太人的忍耐力自不必说，否则他们在恶劣的环境下和四面楚歌的攻击中，怎么还能那么从容不迫？忍耐是一种高等文化的象征，不能忍耐的结果往往是不得不更长久地忍耐。犹太史上最伟大的拉比之一希雷尔就是一个在忍耐方面堪称典范的人。

一次，有两个人打赌，说好谁能让希雷尔拉比发火，就可以赢400舍安勒。

逾越节家宴　无酵饼

费拉拉，1520年，犊皮纸、颜料、金、墨水，现存巴黎法国国立图书馆。

逾越节家宴　无酵饼

费拉拉，1520年，犊皮纸、颜料、金、墨水，现存巴黎法国国立图书馆。

这天刚好是安息日前夜，希雷尔正在洗头。

这时，有个人来到门前，大声喊道：

“希雷尔在吗？希雷尔在吗？”

希雷尔赶忙用毛巾包好头，走出门问道：

“孩子，你有什么事？”

“我有个问题要请教。”

“那就请讲吧，孩子。”

“为什么巴比伦人的头是圆的？”

“你提出了一个重要的问题，原因在于他们缺乏熟练的产婆。”

那个人听完，就走了。

过了一会儿，他又来了，大声喊道：

“希雷尔在吗？希雷尔在吗？”

希雷尔拉比连忙又包好头，走出门来问道：

“孩子，你有什么事？”

“我有个问题要请教。”

“那就请讲吧，孩子。”

“为什么帕尔米拉地方的居民都长烂眼睛？”

“你提出了一个重要的问题，原因在于他们生活在沙尘飞扬的地区。”

那个人听完，又走了。

……

"为什么非洲人长的都是宽脚板？"

……那个人听完了，没走，又说道：

"我还有许多问题要问，但我怕惹你生气。"

希雷尔干脆把身上都裹好了，坐下来说：

"有什么问题，你尽管问吧。"

"你就是那个被人们称为以色列亲王的希雷尔吗？"

"不错。"

"要真是这样的话，但愿以色列不要有许多像你这样的人。"

"为什么呢？"

"因为为了你，我输掉了400舍安勒。"

希雷尔问明情况后，对他说：

"记住了，希雷尔是值得你为他输掉400舍安勒的，即使再加400舍安勒也不算多，不过希雷尔是绝不会发火的。"

忍耐是痛苦的，它压抑了人性本能的欢乐，忍耐犹如赤裸着身躯在铺满荆棘的道路上滚爬，即使鲜血布满了脸也全然不顾。忍耐是犹太人最伟大的品质之一。

第十课　力量的秘密

在两千年的浪迹天涯中，犹太人历尽屠戮，但他们从没有向厄运低头，而是顽强地保持着其特色和民族凝聚力，并谱写出一曲曲壮丽的赞歌，这正是这个民族旺盛的生命意识和自强不息的民族性格的明显印证。

马克思是犹太人的杰出代表，为壮丽的共产主义事业贡献了毕生精力。一生中，他屡受挫折，屡遭驱逐，而且经历了饥寒交迫的生活，但他自始至终雄心不泯，几十年如一日，最后终于取得了成功。为写《资本论》，马克思花了整整40年的时间。如果没有自强不息的信念和百折不挠的毅力，别说40年，就是四个月也很难坚持。在逝世前夕，马克思说："我已经把我的全部财产献给

马克思

了革命斗争……我对此一点也不感到懊悔。相反的，要是我重新开始生命的历程，我仍然会这样做。”

马克思、爱因斯坦、弗洛伊德是三位影响世界进程的巨人，其中弗洛伊德是最有争议也是被误解最多的人。一方面他被奉为划时代的学者，一方面他又被斥为招摇过市的骗子和色情狂。

他的《梦的解析》刚出版时，几乎无人问津，用了八年时间才卖了600本，前后只收到200美元的稿费。科学史上很少有类似的伟大著作遭此厄运。而且在那段时间里他受到了最恶毒的攻击，有人将他的理论同瑜珈术等归为一类，还有人将它同“招魂术”、“通灵术”相提并论。最使他气愤的是，许多根本不懂心理学的人也污蔑他的理论。他说：“任何一个不懂物理学的人都不敢评价爱因斯坦的相对论，但所有的男女老少都敢评价我的理论，不管他们是否懂心理学。”但弗洛伊德并没有就此沉沦，他在孤立中挣扎了近十年，又陆续发表了《日常生活的心理分析》《少女杜拉的故事》和《性学三论》三部重要著作。最后，他的学说终于震惊世界。

罗斯柴尔德是犹太商人成功经商理财的代表，在发财前曾为一位公爵效命了20年。20年中，他忍受着公爵对他犹太人身份的鄙视，孜孜不倦地工作着。最后，终于成为控制欧洲经济命脉的金融巨擘。

弗洛伊德

世界连锁店先驱卢宾，是1849年出生于俄国的犹太人。他随父母生活在俄国，由于很受歧视，被迫迁往英国，后又迁居纽约。当时，由于家境贫寒，他很早就辍学，16岁时随淘金狂潮到了美国加州。但是，淘金的人太多了，根本轮不到他这个小家伙有所收获。无奈之下，他想到矿区需要各种生活必需品，便开了一家小杂货店，在他兢兢业业的经营下，终于走上了连锁经营的发迹之路。

藏于伦敦西部犹太教会堂约柜中的《托拉古卷》。约柜被布帘遮护，被视为圣堂。

巴拉尼年轻时患了骨结核病，因家境贫寒，无法治疗，他的膝关节因此永久性僵硬。在痛苦的思索后，他立志学医，历尽艰辛，最后获得了诺贝尔生理学及医学奖。“世界语之父”柴门霍夫、著名诗人海涅、音乐家帕尔曼、文学家戈迪默、影星达斯汀·霍夫曼等著名犹太人，无不是在艰难和厄运中自强不息，最终取得成功的。

除此而外，团结互助的集体精神也是犹太人的生存法宝。影响世界的巨著《圣经》和《塔木德》都是集体智慧的结晶。犹太人认为提供帮助是“富人的责任”，获得帮助是“穷人的权利”。在那些艰苦的岁月中，接济穷人和代穷人纳税成为富人的传统和“义不容辞”的责任。犹太社团专门设有“吃饭日”制度，穷困的犹太学生可以分别到不同的犹太人家庭中去吃饭。在赎罪日前夕做礼拜时，即使是双方有隔阂的人相遇，也要真诚地说声“请宽恕我”，并上前握手言和。若有一方故意躲开，那么熟识的第三方或犹太长者要上前主动调解。倘一方仍不能宽恕对方，那么另一方只要找到十个人同意宽恕自己即可，矛盾自然化解。在犹太社区里，犹太人更是经常在一起聚会、做礼拜或开讨论会，一旦有什么困难，必须相互援助。因此，犹太人的交往有各种各样的小圈子，相互交流和竞争的气氛非常浓。

在国际共产主义运动中，马克思、拉萨尔、伯恩斯坦、卢森堡都具有犹太血统，正是他们之间的相互合作或斗争，促进了国际共产主义运动的发展。

弗兰克、爱因斯坦、尼尔斯·玻尔、赫兹一度曾是要好的朋友和论敌，正是这几个犹太人推动了人类的科学进

1948年5月14日，本·古里安宣读《独立宣言》，以色列国成立。

步。此外，西拉德、爱因斯坦、奥本海默、特勒也曾是要好的朋友，正是这四个人的共同努力，才制造出了原子弹和氢弹。

卡西尔是西方学术界的哲学泰斗，被誉为“符号学大师”，其成功和他的老师——另一个犹太哲学家柯亨的影响是分不开的。著名犹太文学大师茨威格是弗洛伊德很要好的朋友，从其作品中不难窥出弗洛伊德的影子来。

在经济界，犹太大亨的这种倾向就更明显了，他们的生意伙伴一般都在犹太人中间选择。萨尔诺夫、迈耶、威廉·佩利、凯瑟琳·格雷厄姆等曾是最要好的朋友和生意对手，彼此在友谊和竞争中发财。美国好莱坞的巨头戈德温、梅耶、派拉蒙公司等五大电影公司，都是犹太人的公司，正是这几个犹太人几乎垄断了好莱坞。

当然，犹太人的集体精神和团结合作的故事绝不止这些，也绝不是如此简单，以色列独立战争期间的一次内讧对我们很有启发。

那是第一次中东战争停火期间，以色列抓紧时间扩编国防军。其时，国防军负责人找到以色列某一派武装“伊茨尔”的领导人贝京，要求整编“伊茨尔”。国防军领导人估计，贝京绝不会将自己亲手创造的武装拱手相送，对于贝京这样一个野心勃勃的年轻政治家来说，交出武装就等于交出权力，很可能就此断送自己的政治生命。但是，贝京的回答却让他大吃一惊。在贝京的影响下，以色列其他小武装也很快加入了国防军。

特拉维夫街头庆祝以色列国建立的热闹场景。

有趣的是，之后贝京走私武器，运军火的轮船被国防军击沉。贝京及其同伙被释放后，“伊茨尔”的成员怒不可遏，贝京抑制不住自己的感情，通过地下广播电台声泪俱下地咒骂本·古里安是“策划”谋害他的“傻瓜、白痴”，还夸口说，要是他愿意的话只需在“挥手之间”便能消灭本·古里安。他警告本·古里安及其追随者，“如果我们举手反对政府，他们注定要毁灭自己。那些不立即释放我们军官和士兵的人，注定要毁灭自己”。声明还撤销了之前不久发布的要求“伊茨尔”部队参加国防军和宣誓效忠政府的命令。

当时召开人民理事会时，本·古里安针锋相对地指出：“有人用一支枪可以杀害几个人，‘伊茨尔’走私5000支枪足以葬送整个国家！”他的另一句话使“伊茨尔”人永远对他恨之入骨：“感谢上帝，加农炮击中了那艘该死的船！”这句话使整整一代“伊茨尔”人憎恨本·古里安。贝京的助手对贝京说：“我们干脆找机会干掉本·古里安吧，让他尝尝我们的厉害。”

贝京的回答让他的下属大吃一惊：“不，我们不能这么做，犹太人已经遭受了外人太多的欺负，不能再同室操戈了，在此危难之时，更应如此！”这句话确实显示了贝京的政治家风度。

以色列成立后，贝京组建了自由运动党，他长期处于在野地位。1973年自由运动党联合其他小党成立了利库德集团。1977年5月，贝京在大选中击败工党终于出任总理，圆了他的梦想。

此外，以色列复国时，海外犹太人的捐款也一再表明了犹太人的这种集体主义和团结合作精神。

第十一课 “马萨达精神”

耶稣的复活

夏加尔，1948年，油画，由私人收藏。

大流散后，犹太人客居他乡，势单力薄，为了生存，必须从事小商小贩、放债收利等一些“低贱”的职业，自然而然在寄居国就形成了低人一等的形象。当然，随着资本主义的产生，犹太人以“有钱人”的形象崛起于世界，这必然和居住国资产阶级的利益发生冲突，同时引起居住国居民的妒忌和掠夺的野心，这是犹太人受迫害的主要原因。

此外，由于基督教等都是新兴的宗教，它需要向外传播和扩张。于是孤立无援却执著于自己信仰的犹太人便成为牺牲品，基督教教会加给犹太人的罪名是：是犹太人的犹大出卖了耶稣。这样的说法，忘了耶稣本人也是犹太人，同时也忘了是罗马总督彼拉多下令把耶稣钉在十字架上的！当然，各国统治者为了维护其统治和缓和国内矛盾，惯用的手段就是挑起民族间的仇恨，从而转移人民的视线，犹太人再一次成为替罪羊。

但是，犹太人在几经迫害中从没有放弃反抗。《圣经》中摩西出埃及的故事，是犹太民族精神的第一个体现。公元前 586 年犹太王国亡于新巴比伦时，人们把竖琴挂在柳树上，宁可缄口，不肯为敌人唱锡安之歌，并发誓说："若为敌人弹琴，愿这手枯干；若忘了锡安，而为敌人歌唱，便愿喉舌僵硬，不能再唱。"这是犹太民族精神的又一个体现。

在公元前 2 世纪——希腊化时期，希腊政权的安条克四世要犹太人希腊化，施行暴政，强迫他们去吃一向不吃的献祭猪肉。信仰坚定的老人利撒拒不服从，敌人撬开他的嘴，将猪肉强行塞入，他宁死不屈，吐出猪肉，自愿奔赴刑场。管祭物的老祭司是他的老友，偷偷对他说："我用羊肉代替猪肉，你假装吃了它，可以免死。"老人回答："这种手段与我这偌大年纪的老人不配。何必因为多活几年，而放弃信仰，留下屈辱和羞愧，为青年人做个坏榜样呢？"随后他英勇就义。还有一位母亲和她的七个儿子，六个儿子先后死去，轮到小儿子时，敌人以为母亲会疼爱小儿子，便要她劝说小儿子吃猪肉。母亲思考了一下后，小声对儿子说："跟你六个哥哥一样勇敢地死吧，将来复活时，我会把你们一起领回来。”小儿子死后，母亲也直赴刑场。

公元 73 年，犹太小刀党领导的起义只剩下最后一个据点马萨达堡，960 名义军被 10 万罗马士兵围困了整整 3 年。石块已阻挡不住罗马人的进攻，在 4 月 15 日犹太教逾越节，他们决定集体殉难。殉难前，起义领导人拉埃尔发表了“宁为自由而死，不为奴隶而生”的浩气长存的演说，这就是代表犹太人民族气节的“马萨达精神”。公元 135 年，犹太人在抵抗罗马人的最后一次起义失败后，守卫贝塔尔要塞的守军亦全部自尽，绝不投降，再一次体现了犹太人大无畏的英雄气概。历经血与火的锤炼仍坚贞不屈，这是犹太人历尽浩劫而不灭的真谛之一。

犹太教是世界上最古老的宗教之一，基督教和伊斯兰教都发源于它，有成文的经典和行为规范，是每一个犹太人的精神支柱，也是联系散居在世界各地的犹太人的精神纽带。犹太教的每一个教徒，都有坚定的信仰。“巴比伦之囚”时代，流浪的犹太人纷纷发誓：“耶路撒冷啊，我若忘记你，就让我的右手从此不会操作，舌头从根烂掉。”即使是在中世纪宗教迫害那么疯狂的年代，也只有少数人放弃犹太教，接受基督教洗礼。15 世纪下半叶，西班牙宗教裁判所以死刑威胁犹太人改教，一批犹太人为了生存，表面上接受洗礼，实际上仍忠于自己的信仰。西班牙皇帝恼羞成怒，下令将 21 万犹太人全部驱逐。正是犹太教和《圣经》，使犹太人自命为“上帝的特选子民”，这阻碍了他们和其他民族的融合，但后来，《圣经》也成了唤醒散居在世界各地的每一个犹太人民族意识的强大力量，他们心中永远装着上帝，相信一切苦难都是上帝为惩罚他们罪行的特意安排，届时救世主自会拯救他们脱离苦海，回到“流奶与蜜”之地。

清真寺

夏加尔，1917年，水彩画，画纸，由巴塞尔马居斯·第内藏。

中世纪的耶路撒冷一瞥

源自15世纪的一份法文插图手稿，巴黎法国国家图书馆藏品。

当然，流散世界的犹太人为了生存，必须珍视金钱，加之他们没有土地和固定资产，这就养成了他们长期经商的传统。钱是犹太人逃亡时最便于携带的东西，也是他们赢得生存权的保障。与此同时，“赚钱，赚很多钱”就成了犹太人的安全保障和寻求在受压迫时心理平衡以及征服对手的有力手段。所以，犹太人具有精明商人的天然基因，加之他们勤奋好学而知识渊博，自然而然便成为公认的“世界第一商人”。这种异乎寻常的赚钱能力，也是犹太人历尽浩劫而不灭的原因之一。

历史有时候真是不可思议，正是反犹主义的疯狂和外部世界强大压力的反作用，促成了犹太教内部的统一，也加强了犹太人的凝聚力，同时更催发了他们对故土的眷恋和强烈的犹太复国主义思想。16 世纪以来，罗马天主教会开始推行犹太隔都制，试图以此达到迫害的目的。没想到，隔都却形成了犹太人的集体生活，维系了犹太人的宗教信仰。他们不仅实现了自治，而且完全按《律法书》上规定的宗教方式生活，成为犹太人自治和管理复杂的平民事务的训练场。正如萨特所言：“使犹太人团结起来的唯一纽带是周围社会对他们的敌意和蔑视。”以美国犹太人为例，二战前犹太教分为正统、保守和改革三派，他们在对犹太教规教义的解释上有很大差异，在对待犹太复国主义运动等重大问题上也持不同观点，这使三者的关系一度非常紧张。

然而希特勒屠杀600万犹太人的暴行，使他们空前团结，迅速形成了一个非常和谐的犹太社会，不仅在经济上对以色列建国鼎力相助，并利用其影响左右美国政府的中东政策。

耶路撒冷圣殿，于公元前587年第一次遭到毁坏，但促成了犹太教会堂的兴起。后来，该圣殿得以重建，但再次被罗马人毁坏。

极端的反犹主义分子大概至死也想不到，他们费尽心机甚至进行灭绝人性的大屠杀，不仅没有消灭犹太人，铲除犹太文化思想，反而使犹太人遍及全世界，犹太思想更加发扬光大。正如一位思想家所言："对犹太人存在的永久的威胁，使得犹太人为了成功和生存就必须卓然超群。"

第十二课　"只留下一所小小的学校"

犹太人历来极为重视传统的宗教和文化教育，把办学校当做一种仅次于敬神的美德。犹太格言"宁可变卖所有的东西，也要把女儿嫁给学者；为了娶得学者的女儿，就是丧失一切也无所谓”，“假如父亲与教师两人同时坐牢而又只能保释一个人出来的话，做孩子的应先保释教师”等等，正是犹太人尊师重教的真实写照。

古代犹太哲学家主张：“不管身体强健还是虚弱，不论年龄大小，每个犹太人都有义务学习犹太教经典。纵然是乞丐或拖儿带女，也必须每天挤出时间学习。”于是，犹太儿童入学都必须学习希伯来语、《圣经》和《塔木德》，所谓犹太人是以“一本书为衣钵”的民族就是源于此，因为犹太人走到哪里，《塔木德》就被带到哪里。这既巩固了犹太教生存的基础，使古老的犹太教一直得以延续下来，又提高了犹太人的文化素质，增强了他们竞争和生存的能力。犹太民族的早期历史中，脑力劳动者特别是犹太学权威和法律学家是犹太社团中最受尊敬的人。一位犹太作家写道：在俄国沙皇尼古拉一世统治时期的一个小镇上，犹太人为了能够送孩子上学，竟不惜倾家荡产。不少穷苦人为了替孩子交纳学费，“卖掉了自己最后一个枝形灯架或者仅有的枕头”。这种“学习热”使当地犹太人中除了一个傻子外，没有第二个文盲。

公元70年前后，占领犹太的罗马人肆意破坏犹太会堂，图谋灭绝犹太人。当时，犹太人中分成两派，鹰派主张以暴抗暴，鸽派则主张采取非暴力手段来抵抗侵略。约哈南拉比属于鸽派，面对犹太民族的空前浩劫，他殚精竭虑想出一个好点子，那就是必须亲自见到罗马军队的统帅。

但当时鸽派的犹太人全被鹰派关在耶路撒冷的城堡中，既进不去也出不来。约哈南拉比心生一计，于是他开始假装生病，由于他是大拉比，所以前来探病的人络绎不绝。不久，噩耗传来，约哈南拉比死了，这个消息不胫而走。

弟子们把他装入棺材，要求抬出城堡，因为城堡内没有

学习

夏加尔，1918年，墨水画，米色纸，由国立巴黎现代美术馆藏

墓地。鹰派的守兵不相信大拉比真的死了，提出要验看尸体。由于犹太人有绝对不看尸体的风俗，所以不能开棺检查，守

兵就要用刺刀刺入棺材作为试探。

弟子们无论如何不同意这种“亵渎死者”的做法，而且强烈要求“掘土安葬”约哈南大拉比。最终，守城的鹰派士兵只好放行，他们朝罗马军队的阵地走去。

在罗马军队的阵前，罗马士兵同样要检查棺材。弟子们急忙说：“如果罗马皇帝死了，你们也用刀刺棺材吗？我们赤手空拳啊！”最后，他们终于到了罗马军队司令部的驻扎地。

书籍装帧

耶路撒冷，制作于约公元191–1914年，银、象牙、金银丝细工、次等宝石，由私人收藏。

约哈南拉比从棺材中出来，求见司令官。他凝视着司令官韦斯巴芗的眼睛，沉着地说道：“我对将军阁下和罗马皇帝怀有同样的敬意。”

韦斯巴芗一听此话，认为拉比侮辱了皇帝，大为生气。

约哈南拉比却以肯定的语气说：“不，请相信我的话吧。阁下一定能当上罗马皇帝。”

韦斯巴芗说：“谢谢你的祝福。那么，你到底想得到什么呢？”

拉比答道：“我只有一个心愿：给我一个能容纳大约十个拉比的学校，永远不要破坏它。”

约哈南拉比明白，罗马军队迟早要攻破耶路撒冷。城陷后，罗马人一定会进行大屠杀，但只要保存了学校，犹太民族的传统就能保存下来。

韦斯巴芗考虑片刻后，答应了拉比的要求。

不久，罗马皇帝死了，韦斯巴芗倚仗军队果真当上了罗马皇帝。耶路撒冷城破之日，他果真向军队发布了一条命令：“只留下一所小小的学校。”

这样，学校留下了，犹太人的知识和传统也留下了，犹太人因而永远不灭。

这正是犹太人的远见卓识和屡经浩劫而不灭的真谛！

第十三课　辛德勒的故事和生死签证

在犹太人的历史中，也不乏“异教徒”对他们舍生忘死的援助，这也许是犹太人不灭的又一个原因吧。

1994 年，犹太导演大师斯皮尔伯格的力作《辛德勒的名单》一举囊括了该年度奥斯卡的七项大奖，使德国人辛德勒的传奇故事几乎传遍了全球。其实，这也是一个真实的故事。

1939 年，希特勒占领了波兰，许多德国投机商纷纷来到波兰接收被纳粹“没收”的犹太人工厂。辛德勒也是一

悲叹

夏加尔，1914–1915年，钢笔画，圣彼得堡国立俄罗斯美术馆藏。

名投机商人，他接收了一家破产多年的小搪瓷制品工厂。在某一个纳粹“大清洗”犹太人的前夜，辛德勒故意将消息透露给当地犹太办事处的负责人，许多犹太人得以逃跑，从而幸免于难。

辛德勒的工厂于 1940 年冬天开工了，雇佣了大约 100 名工人，其中有 7 名是犹太人。当时，雇佣工人是件非常容易的事，许多人想找活干，而且工资很低。一年多的时间，这家工厂就增加到 800 人，其中犹太人达到 370 人，这些

犹太人都来自危险的犹太“居民点”。对于犹太人来说，白天能到德国人开的工厂里干活，是件很幸运的事。但这些犹太人哪里想到，辛德勒为了保护他们，不惜篡改他们的人事档案：把老人少写20岁，儿童成了大人，律师、医生等被写成专业技工……与此同时，辛德勒每天晚上都要周旋在盖世太保中间，尽量巴结那些有权有势的人。

1943年，纳粹已经开始了消灭犹太人的计划，为了救助犹太人，辛德勒频繁向纳粹官员行贿，使许多犹太人幸免于难。为了救助普瓦索夫集中营的犹太人，他冒险向集中营司令官请求，将其改成一座军需加工厂。不久，他又以“节约上班时间”为由，将工人搬出集中营，以便向犹太人提供药品和食品。1944年春，在关键时刻他又救助了近1000名犹太人，并冒险收容了从奥斯威辛来的100名犹太人。为了换取食物、药品和贿赂盖世太保，他不仅耗费了所有积蓄，还变卖了妻子的首饰。

1945年5月9日，在苏军解放了波兰后，当他确信属下的犹太人已无生命危险时，才和妻子悄悄离去。后在阿根廷和德国定居，在贫困中死去，享年65岁，现被安葬在耶路撒冷……

1940年7月27日，纳粹的屠犹浪潮愈演愈烈，成千上万的犹太难民求见日本驻立陶宛的领事杉原千亩。这些欧洲犹太难民想设法逃出苏联控制的立陶宛，因为这里迟早会被希特勒占领，而他们只有一条逃亡路线——从陆路横越苏联，然而要是他们没有另一个国家的准许入境证件，俄国人绝不会让他们过境。驻立陶宛的其他国家领事馆不是不同情犹太人，就是已经关闭，因而这些犹太人对日本领事馆抱有很大希望。

当时，很少有国家愿意帮助无家可归的犹太人，而且日本正准备和德国结盟。于是，杉原发电报向东京请示，两天后，收到回电："不准向无指定目的地的人签发过境签证。"当夜，杉原辗转反侧，其妻子也和杉原一样，对犹太人的困境深感同情。于是，杉原又连着两次发电报给东京，反复强调犹太人的危险处境，并解释犹太人只在日本逗留 30 天等等，得到的答复只有两个字："不准！"很明显，杉原必须做出抉择：要么服从政府命令，要么凭良心办事。看着门外犹太人绝望的求救眼神，杉原的内心非常矛盾，最后他毅然对妻子说："违抗政府命令，我的事业也许就此断送，然而不援助犹太难民，我就是违抗上帝。"

于是，杉原开始夜以继日地签发签证，并两次不顾日本政府停发签证的命令，即便在苏联当局关闭日本领事馆的当天，他仍留在立陶宛过夜，坚持"能发多少张签证就发多少张签证"。杉原发放的签证将近有 6000 份，后犹太人"巧钻空子"，每份签证按"六口之家"入境，有将近 4 万人得到拯救。若加上被救者的子孙，杉原挽救的犹太人有十几万人。战争结束后，杉原在罗马尼亚被苏军俘虏。21 个月后，他举家回到日本，但日本人要求他辞职，后来杉原成了一个灯泡推销员。1984 年，以色列授予杉原“国际正义之士”荣衔。

一个怀里抱着婴儿、旁边跟着另外3个孩子的妇女在不明真相的情况下领着穿戴得严严实实的孩子们，步履艰难地走向“白桦林”的毒气室。

中国的阿凤山也救助过犹太人被以色列誉为“义士”。

人性的力量是伟大的。1940 年 5 月，葡萄牙驻法国总领事德斯也救助过犹太人，他也是不顾政府的命令，擅自签发了约 3 万份签证。为此，他被葡萄牙政府罢黜，后来终生贫困潦倒。

“得道多助，失道寡助。”战争和屠杀将遭到世界人民的唾弃，正义和和平是每一个有人性的人的共同心愿。

20世纪初的英国外交大臣阿瑟·贝尔福，他曾计划在巴勒斯坦为犹太人重建家园。

第十四课　一发不剩

除了上述原因之外，犹太人不灭还有一个非常重要的因素，那就是他们灵活机智的头脑，使他们常常置之死地而后生。不信看看下面几则故事。

故事一

逾越节快到了，一个犹太木匠怀揣三个月的工资，兴高采烈地往家走。当他穿过一片大树林时，一个黑洞洞的枪口对准了他。

“把钱交出来，不然我就开枪了！”原来是一个强盗。

可怜的木匠没办法，将所有的钱都给了这个强盗。然后，他可怜兮兮地恳求道：

“你看，明天就是逾越节。你抢走了我全部薪水，要是我回去和妻子说，她会相信我吗？”

“那是你的事，与我何干！”

“请你一定要帮助我，往我的帽子上打一枪，妻子才会相信我。”

强盗冷笑了一声，把帽子抛向天空，开了一枪。

“很好！谢谢你，能在我衣服上再打一枪吗？”木匠又

给俄罗斯、驴子及其他

夏加尔，1911—1912年，油画，画布，国立巴黎现代美术馆藏。

一次恳求道。

强盗又打了一枪。如此几枪，强盗没子弹了。

木匠非常高兴，打倒强盗，夺回工资，高兴地回家去了。

故事二

从前有个憎恨犹太人的阿拉伯哈里发，他颁布了一条法令："每一个进入我王国的犹太人都要在士兵面前停下来，讲一些他自己的事。如果他撒谎，就被枪毙；如果他说实话，他就被绞死。"哈里发妄图通过这种方法彻底消灭犹太人。

一天，一个犹太人来了，哈里发士兵命令他讲自己的事，他说："我今天准备被枪毙。"

士兵被弄糊涂了，将他带到哈里发面前。

老谋深算的哈里发沉思着："这个犹太人真聪明！我如果真枪毙他，那就说明他的话是真话，按法律他应该被绞死，那我就不能枪毙他。但是，如果我绞死他，那说明他撒了谎，按法律该枪毙他，那我就不能绞死他。"

于是，那个犹太人大摇大摆地走了。

故事三

在沙皇尼古拉二世统治时期，两个犹太人走在莫斯科的马路上，其中一个有居留证，另一个没有。突然，前面出现了两名警察。

“快跑！”没有居留证的那个说，“你一跑，警察肯定会追你，误以为你没有居留证，这样我就可以从容不迫地走掉。”

果不其然，警察很快就抓到了那名逃跑的犹太人。

“啊哈！”警察幸灾乐祸地说，“你肯定没有居留证吧？”

“你凭什么判断我没有证件？”那个犹太人边说边掏证件。警察很尴尬。

“那你为什么一见我就跑？”

“医生告诉我要加强锻炼，我这是为了健康。”

故事四

有一个富裕的犹太商人，上了年纪。有一天他把三个儿子叫到床前，对他们说：“我年龄大了，希望把家业分给你们，但不知谁更有经商天赋？”

说完后，老先生给每个儿子发了10美元，希望他们每人拿这笔钱买一种东西，把一间大空屋子装满。装得最满的，就可以继承家业。

大儿子买回一棵茂密的大树，结果占了一半的空间。二儿子买回来一马车草，结果只占了大半的空间。

三儿子只花了25美分，买回来一根蜡烛。等到天黑了，把父亲和两个哥哥全请过来，然后点燃蜡烛，蜡烛的光芒照得满屋子亮堂堂的。

最后，老三继承了全部家业。

托尔斯泰说："犹太民族的智慧包含了一些永不消失其温情与魅力的伟大东西，就像玫瑰色的晨星闪耀在寂静的早晨。它们之中蕴含的最可贵的东西，是那种对于人类灵魂永恒秘密充满激情的探索。"类似上述的故事很多，犹太人常常以其卓绝的智慧逢凶化吉。

15世纪一部意大利手稿中的所罗门王画像，所罗门王是智慧的象征。

装饰地毯（用于装饰书页）

《圣经》，西班牙布尔戈斯，1260年，现藏耶路撒冷国立大学图书馆。

第四章　与上帝辩论

《圣经·旧约》中记载了这样一则故事：

耶和华洞察到所多玛和蛾摩拉这两个地方的人作恶多端，罪孽深重，便决定毁灭这两座城。

这时，亚伯拉罕勇敢地站了出来，谦恭地问上帝："如果这两座城里有50名正直的人，难道他们也应该因为其他人的恶行而毁灭吗？为什么不能相反，因这50人的正直而宽恕其他人呢？"

上帝做出了让步，答应如果城里有50名正直的人，就可以不毁灭这两座城。

亚伯拉罕继续谦恭地向上帝问道："如果仅仅是为了缺少5人而凑不足50人，便也要毁灭这两座城吗？"

上帝再一次让步，答应即使有45名正直的人，也不毁灭这两座城。

如此往复，亚伯拉罕和上帝不断讨价还价，以50人一直到上帝答应即使这两座城中只有10名正直的人，上帝也不毁灭这两座城。

可惜的是，亚伯拉罕的努力最终成为泡影，两座城里竟然找不出10位正直的人，上帝终于降下大火与硫黄，把两座城完全毁灭了。

在犹太人心目中，上帝既是威严的，值得他们敬仰；上帝也是温和的，可以与之谈判和讨价还价。可惜的是，人类太不争气了，不仅让亚伯拉罕失望，也让上帝失望。

人类的再生，是重新建立人类的道德和秩序，重新建立人类的文化精神。

圣礼之论辩（局部）
左起：摩西、马太、亚伯拉罕

犹太人自认是上帝的选民，犹太的文化精神就是上帝赐予的，是一种理想状态的人类精神。

第十五课　请上帝从草坪上下来

有这样两则故事很有趣：

故事一

在城郊一家种族主义很严重的俱乐部里，有三个男人正在一块儿喝酒。他们生为犹太教徒，后来都皈依了基督教，他们各自谈起了皈依的理由。第一个人说："我的理由很实际——我想在法律界有所作为，如果不做一个基督徒，我就不可能被任命为法官。"第二个人说："我是因为爱情才改的——我的女朋友对我说，如果我成了基督徒，她就嫁给我。"第三个人说："我的理由很简单，因为我确信，基督教的教义确实比犹太教的教义好。"

前两个人对此回答很震惊，异口同声地说道："你说的话当真吗？你难道真的把我们两个人看成基督徒了吗？"

故事二

订婚

律法论著集，意大利帕多瓦，1477年羊皮纸、墨水、颜料、金，现藏汉堡国家与大众图书馆。

玛丽同雅各布相爱了，雅各布建议玛丽皈依犹太教，玛丽欣然同意了。半年以后，玛丽学习完了犹太教的所有课程，并在拉比的考试中顺利过关。之后，就剩下一件事了，玛丽要到浸礼池中，完成把自己浸在清水里这一仪式后，就成为一名正式的犹太教徒了。

玛丽十分兴奋地去了美发厅，做了一个最贵最美的发式。在浸礼仪式上，一个女佣帮她脱掉衣服后，她小心翼翼地走进了水池中，水一直浸到她的下巴那儿。

“按照规律，你要把头也浸入水中。”女佣说道。

“可是我刚刚花 350 美元才做好这个发式。”玛丽说道，“请您去问拉比，清水只浸到下巴那儿行吗？”

过了一会儿，女佣回来说道：“拉比说了，你可以只浸到下巴那儿。但是，你想要成为犹太教徒，由于没把头浸湿，你将永远有个异教徒的脑袋。”

犹太人对上帝的信仰，是一种融化在血液里的信仰，狂风吹不散，磨难压不倒，即使是为了生命和发展暂时改宗皈依，也改不掉他们骨子里对上帝的信仰和宗教情怀，这是一种文化精神。同样，异教徒要想皈依犹太教，也是一种精神，任何片面的东西都无济于事。

不妨再看看下面两个故事：

故事一

有三个好朋友，一个是西班牙人，一个是波兰人，一个是犹太人。一个周末，他们在公园里聚会。

19世纪的镀金银制《托拉》防护罩。

西班牙人说："我经常到这儿来，每次警察见到我，都大声喊道：'嗨，哥伦布，你好吗？"

波兰人说："警察也认识我，他总是叫我瓦文萨。"

犹太人说："我也经常到这儿来。有时候我躺在草坪上，那家伙总是说同样的话：'耶稣基督，从草坪上下来！"

故事二

有两名男子在酒吧里喝酒。他们边喝边看电视。当时，正好是新闻节目，屏幕上出现了美国国务卿基辛格的画面。

“他是一名犹太人。”其中一位叫马丁的犹太人自豪地对他的同伴说。

一会儿，屏幕上出现了一个体育片断，棒球明星桑迪·库法克斯出现了。马丁又激动地说：“他是一名犹太人！”

接着是科学节目，画面上出现了爱因斯坦的头像。马丁又兴奋起来，用肘推了一下同伴，喜笑颜开地喊道：“他也是一名犹太人！”同伴有点不耐烦了，大叫：“够了！我的上帝，耶稣基督！”马丁十分吃惊地再次喊道：“他也是一名犹太人！”

犹太人因其犹太性屡遭磨难，但也因其犹太性历久弥坚，并且倍感自豪。这就是信仰的力量。

犹太人认为上帝的存在无需证明，犹太人的上帝是唯一的，无形的。犹太人的上帝无所不在，无所不能，无所不知，既是永恒的，也是公正的，更是慈悲的，就像父亲一样和蔼可亲，也像朋友一样亲密无间。犹太人的上帝是神圣的，也是完美的。上帝选择了犹太人，犹太人也选择了上帝。当初，上帝为世上所有的民族制定了《托拉》，但其他民族的反应却不冷不热，唯独犹太人毫无保留地接受了整部《托拉》,正是《托拉》奠定了犹太人的律法精神。《托拉》又称《摩西五经》或《律法书》。

律法精神,是一种理性精神,更是一种伦理至上的精神,有了这种伦理精神,犹太人非常自信,自信能渡过一切难关。犹太人也信奉金钱,也有实用主义,但金钱至上的实用主义不是犹太人的终极归宿,上帝和律法精神的约束,才是他们的文明。人类有三大元精神 :信仰、理性和仁爱。信仰是犹太人的法宝,理性是希腊人的法宝,仁爱是中国人的法宝。

耶稣说 :"生命不胜于饮食吗?身体不胜于衣裳吗?你们看那天上的飞鸟,它不播种,也不收获,也不把食物积蓄在仓里,你们的天父尚且养活它。你们不比鸟类贵重得多吗?何必为衣裳忧虑呢?你想,野地里的百合花怎么长起来,也不劳苦,也不纺线,然而我告诉你们:就是所罗门极荣华的时候,他所穿戴的还不如这一朵花呢!你们这些人啊!野地里的草今天还在,明天就丢在炉子里,神还给它这样的妆饰,何况你们呢!所以不要忧虑说 :'吃什么?喝什么?穿什么?'这都是外邦人求的……你们要先求他的国和他的义,这些东西就都要加给你们了。所以,不要为明天忧虑,因为明天自有明天的忧虑,一天的难处一天忍受就够了。"这段话道出了犹太文化精神的核心。

第十六课 《律法书》精要

《律法书》又称《摩西五经》或《托拉》，也称《旧约圣经》，包括:《创世记》《出埃及记》《利未记》《民数记》和《申命记》，整个犹太教教义还包括：《先知书》8卷，《圣文集》11卷，共24卷，也称《二十四书》，再加上犹太口传律法集《塔木德》。

《创世记》编辑于公元前6世纪或公元前5世纪，是《旧约圣经》的开端或导言。据《创世记》介绍，上帝用了6天的时间创造了整个宇宙，第7天为休息日，安息日即源于此。上帝的第一项工作是浇灌干枯的土地，然后用泥土塑人，先塑男人亚当，后塑女人夏娃，塑完后把他们放于绮丽宜人的伊甸园，与百兽同居，并叮嘱

《犹太律法辅导》

羊皮纸抄本插页中的图画，一位犹太拉比在讲坛上宣讲教义。

他们禁止食用“智慧之树”的果实。这对男女禁不住“兽类中最狡猾者”蛇的诱惑，偷食了禁果后，立刻羞于赤身裸体，并尽量躲避上帝。耶和华发现他们后，把他们贬到下界。在那里,男人须辛辛苦苦劳作方能获得土地上的果实，而妇女必须经历生子的痛苦，恋慕并受制于其丈夫。从此，男人和女人从稚童般的纯真到性觉醒，他们知道自己必将经历身体的痛苦和死亡。但是，通过觉悟到人的原恶，他们便有了初始的成熟道德责任，亚当和夏娃不听从上帝的命令是一项由他们自己做出的自由行动。从此，人类开始对自己的罪孽负责，并开始生活于他自己创造的世界，表现出原为上帝所专有的创造力。

在该隐和亚伯的故事中，人类的自由特性得到进一步发展。该隐是位农民，当他献给上帝的贡物遭拒，而他的弟弟亚伯——一位牧羊人的贡物被上帝接受时，他心生嫉妒，最后杀死了亚伯。当上帝对他的行为进行质问时，该隐说谎并否认亚伯已死，最后他被永久流放在他耕种的土地上。这表明，人类是多么无力于控制自己的嫉妒和怒气。

后来，由于人类的报复心理持续增长，上帝缩短了人的寿命，并为了大洪水提供了依据。大洪水是人类的罪恶和暴力作孽的后果。当洪水退去之时，上帝为了校正人类的无知，给人类赋予了律法，尤其是禁止偶像崇拜、淫乱和杀人。上帝说："凡流人血的，他的血也必被人所流，因为神造人是照自己的形象造的。你们要生养众多，在地上昌盛繁茂。"从此，上帝通过诺亚与人类订立了契约，发誓说这次大洪水是最后一次。彩虹成为人和上帝缔约的象征，时时提醒人不要违犯律法。

该隐与亚伯献祭

11世纪末，圣萨文教堂中厅拱顶上的壁画。

巴别塔的故事描述了世界上不同语言的起源。人类试图建造一座城和通天塔以传扬名声，并防止相互分散。《圣经》的另一谱系，是讲述诺亚的一个儿子闪家族的线索，《创世记》的另外五分之四的内容是关于以色列人四代祖先的传说，他们分别是亚伯拉罕、以撒、雅各族长及雅各的 12 个儿子。读完了《创世记》，便完成了"五经"记述的一半，因为后四卷的大部分都是有关律法和祭拜的训谕，其中最重要的是犹太先知摩西及《出埃及记》，摩西之死是其最后的主题，他也被描绘成以色列社会里三种宗教角色的创立者：他建立了审判所，使亚伦家族任祭司之职，而且是传达上帝之言的先知；他被赋予了理想领袖的品德：谦卑、正直和诚实；但他也有罪孽和错误，也并不是完美的。

“五经律法”的第一个主题是，从根本上确立人是神圣不可侵犯的；第二个主题是保护无助者，例如非犹太人奴隶、欠债者、穷人、寡妇、孤儿和寄居者。按律法的观点，人是一种道德实体，因其原恶和原罪对上帝负责。律法的精神，是一种自愿接受约束的宗教义务，对上帝的信仰和对道德的自觉，是人类精神的光芒。

第十七课　彩虹之约和摩西十戒

犹太人的信仰之基是律法书，即《旧约》。这里“旧约”二字，即意味着上帝与人类之间所订立的“古老契约”。既然是“约”，就意味着平等自愿的原则，而不是靠极权专制。据《创世记》记载，上帝为了惩罚人类行恶，决定降大雨毁灭人类，唯有诺亚及其一家作为人类新的始祖给予赦免。“诺亚方舟”的故事，即源于此。为了感谢上帝，诺亚建起祭坛，献上供品，上帝接受了供品，并在暴雨之后的天上画上了彩虹作为凭证，保证今后再不毁灭人类，这就是著名的“彩虹之约”。从此，人类再生，远离罪恶。

据《出埃及记》记载，摩西带领以色列人出埃及去寻找神所应许的“流奶与蜜之地”。第三个月的第一天，到了西奈旷野，摩西上西奈山，山上雷电交加，浓云密布，角声齐鸣,神在雷霆中颁布“十戒”。这就是有名的“摩西十戒”：

1. 耶和华是唯一的真神,除耶和华之外,不可有别的神；
2. 不可敬拜偶像；
3. 不可妄呼上主的名；
4. 应守安息日为圣日，其他六日应勤劳耕作；
5. 当孝敬父母；
6. 不可杀人；
7. 不可奸淫；

诺亚与虹

夏加尔，1979年，油画，画布，尼斯国立夏加尔圣经讯息美术馆藏。

以法版赐摩西　摩西洒以色列人的血

日读本，德国南部，约1206年，羊皮纸、墨水、颜料、金、现藏牛津大学图书馆。

8. 不可偷盗；

9. 不可作假证陷害人；

10. 不可贪人钱财及物品。

在犹太教的613条律法中，这“十戒”是最重要的。“十戒”中的不可偶像崇拜、杀人和奸淫又是重中之重。按犹太律法的规定，当异教徒以生命相威胁，要求犹太人必须放弃律法时，其他所有戒律都可放弃，但即使是放弃生命也不能犯这三条戒律。按《圣约》所言：“即使是被处死也不要杀人，你认为你的血比别人的更红吗？也许他的血比你的血还红呢。”

对于普通人来说，最容易犯的罪就是偶像崇拜，古时多少皇帝假借神的名义来奴役百姓、残害人民。而犹太人的上帝则不同，他虽然存在，但是无形，任何人都不可假借上帝的名义来愚弄人民。不妨讲一则小故事来说明：

一名犹太拉比睡觉时梦到自己进了天堂。令他吃惊的是，那里的圣者正在讨论犹太法典中的棘手问题。

“这就是上天堂的奖赏？”拉比叫道，“为什么他们做的事和人间上的一样？”

这时，有一个声音在呵斥他：“你这个傻瓜，你以为圣者在天堂里，恰恰相反，天堂在圣者写的书中。”

天堂在圣者写的书中，上帝更在圣者写的书中。他高高在上，用一双慈爱而警觉的眼睛看着芸芸众生，让每一个人不敢作孽。

第十八课　崇智主义

按《塔木德》所言:《托拉》大于王权，也大于祭司权，因为拥有王权的人会拥有 30 项特权，祭司也有 24 项特权，而学习《托拉》智慧的人，则可以拥有 48 项美德：可以学会学习，学会倾听别人讲话，可以具备清晰的表达能力、理解能力，并以敬畏、谦卑、快乐的心情去向老师和贤哲学习，并通过和同学们对知识的反复研讨增长智慧，默默地以《圣经》和《密西拿》的道德要求来约束自己，以达到对俗务的处理适度，享乐适度，睡眠适度，闲谈适度，和别人开玩笑适度，从而提高自己的忍耐力，以好的心情执著于圣哲言论，借以承担人生的坎坷和苦难。那时，他就会变成一个有自知之明的人，一个安于本分的人，一个谨言慎行的人，一个不居功自傲的人，从而赢得众人的爱戴。他还会敬仰上帝，热爱人类，广施善举，虚心接受别人的

《创世记》，14世纪的希伯来《圣经》手稿中的带插图页，来自意大利，现藏摩德纳市立图书馆。

批评，正直，远离虚荣，勇于承担责任，以真理和道义为己任，与人为善，深思熟虑，学以致用，和老师互相启发，从而有益于人类。

其实，对于犹太人来说，提高自身素质，崇尚智慧，不仅是一种美德，更是一种宗教义务。不妨录几段犹太教格言于此：

谁是智者？智者是向所有人学习的人。

和智慧同行，必得智慧；同愚者为伍，必将毁灭。

对聪明人来说，一次教训比愚蠢人受一百次鞭挞还深刻。

智慧是人们在日常生活中形成的常识和判断力——例如，知道什么时候该说话，什么时候不该说话；什么时候行动，什么时候积蓄力量。

智慧一旦离开生活实际，将变得毫无意义。

智者不在比他更聪明的人面前吹嘘，也不会打断别人的谈话，更不匆匆忙忙回答问题；他问有用的问题，回答别人的问题切中要害；他同别人谈话，先说先知道的事，后说后知道的事，不说不知道的事。他正视真理，反对愚昧。

正因如此重视智慧，犹太人才被全世界公认为最聪明的人，从而形成了这样一句风靡世界的话：世界的财富在犹太人的口袋里，犹太人的财富在自己的脑袋里。下面是几个犹太人的智慧故事。

故事一

大航海家犹太人哥伦布发现新大陆后，返回欧洲，女王为他摆宴庆功。酒席上，许多王公大臣、名流绅士都瞧不起这位没有爵位的人，纷纷出言讥讽哥伦布。

哥伦布

“没什么了不起，我出去航海，也会发现新大陆。”“驾驶帆船，只要朝一个方向航行，就会有重大发现！”“太容易了！完全是凭运气。”

哥伦布不慌不忙，微笑地听着大家的讥讽，然后说道：“各位尊贵的先生，现在请大家做一个游戏，哪位能把这个鸡蛋在桌子上立起来？”于是一些自作聪明的人跃跃欲试，但是没有一个人能把这颗椭圆形的鸡蛋在桌子上立起来。

“我们立不起来，你也立不起来！”许多人盯住哥伦布。

哥伦布拿起鸡蛋“砰”的一声往桌子上磕了一下，大头破了，鸡蛋稳稳立在桌上。

众人嚷道:“这太简单了,谁不会呀！”哥伦布微笑着说:“是的，我说过了，这只是个小游戏，问题是，在这之前你们为什么想不到呢？”

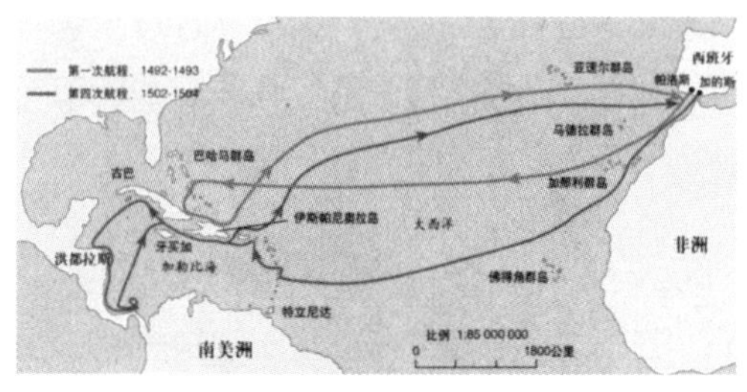

哥伦布航程图

故事二

某一天，罗马大主教下了一道命令，要求领地上的犹太人派一位代表，去和一位基督教大学者辩论。辩论将在教堂广场举行，失败者将被杀头。

犹太人听到这个消息吓坏了，谁也不敢和基督教大学者辩论。拉比无奈，向教徒们发出布告，征集勇敢的智者。过了好几天，只有一位小裁缝前来报名，并表示愿意献身。

辩论的日子到了，许多人聚到广场上。罗马大主教让犹太人的代表先发问，并宣布，任何一方只要有两个问题不知道，即算辩论失败。

犹太小裁缝对基督教大学者问道："如果你是犹太教权威，那么告诉我'希伯来文'是什么意思？"

"我不知道。"大学者流利地回答。

"什么？"裁缝高兴地叫道，"我再问一遍，'希伯来文'是什么意思？"

"我不知道！"这回学者有点不耐烦了。罗马大主教清清楚楚听到基督教大学者两次承认了自己不知道，立即宣布辩论停止。

"告诉我，你怎么能想到这么一个聪明的问题去难倒那个大学者的？"许多犹太人向小裁缝表示祝贺。

"'希伯来文'这几个字的翻译就是'我不知道'。我料定，博学的大学者肯定知道这个意思，但罗马大主教一定不知道。"

故事三

从前，有一位犹太大学者，不仅知识渊博，而且还拉得一手好提琴。有一次他得了一场大病，痊愈后，大夫劝他搬到一个空气新鲜气候温暖的地方。最后，夫妻俩决定到一个偏僻的山村小镇生活，那里大多是没有文化的普通人。

落脚后，按当地习惯，人们问他："你以什么为业？"

"我会拔火罐。"学者答道。

客人走后，妻子疑惑不解地问他："我真不明白，以你这样的学问，竟然说自己是一个拔火罐的，这能给你带来什么好处呢？"

学者解释说："据我了解，这个小镇的人，大多文化不高，不知道知识的价值。我一旦说我是学者，不仅不能赢得尊重，他们还会排斥我。而一个拔火罐的人，对他们来说却非常重要！我保证，他们将非常尊重我。"

犹太人崇尚的是智慧，是活的智慧，活智慧可以战胜一切困难。

第十九课　犹太文化的叛逆性

有这样两则故事：

故事一

西德尼是一个坏脾气的老头。一天，他在马路上行走时，突然被一辆小汽车撞伤。他立刻被送往附近的一家天主教医院。经过一段时间的治疗，他快要出院了。"谁负责医疗费呢？"主管事务的修女问他。

老头子冷冰冰地回答：“听着，我身无分文，除了肇事的司机外，我唯一活着的亲人就是我妹妹，但她已经皈依上帝，成为一名修女。她是一个老姑娘。”

那位修女非常不满，插嘴说：“先生，我们不是没人要的老姑娘，只不过是我们嫁给了上帝。”

西德尼这下可乐了，高兴地说：“对，把医疗费账单送给我那位妹夫，由他来付款。”

故事二

世界各地的犹太教堂都存有五卷本的犹太教《圣经》羊皮卷手稿，每逢安息日或重大宗教仪式时，会众都要将羊皮卷取出，绕行教堂一圈，每个参拜者都要恭敬地伸手摸一下羊皮卷。绕行中间，绝不允许将羊皮卷掉在地上——否则，在场的所有人都得禁食40天。当然，这只是一个传统，而不是戒律。

一天，在一个教堂里举行这项仪式的过程中，一个手捧羊皮卷的老者不慎摔倒在地，手中的《圣经》也掉在地上了。

人们赶忙扶起老头，老头满脸尴尬，嘴里嘀咕着：“只可怜我的自尊呢！”

另一参拜者走到拉比面前，以挑战的口吻说道：“这下，我们大家岂不都要禁食40天？”拉比盯着对方，低声说道：

“我什么也没看见。”

其实，早在伊甸园中，偷食禁果的亚当就开始了人类的叛逆之旅。从此之后，人类每犯一次罪，就是对上帝的一次叛逆，也是对传统和伦理的一次叛逆。其中，有的罪孽是真正的罪孽，有的罪孽则是一种开放和创造，推动了人类文化的进步。正如爱因斯坦所说，犹太人的上帝就是对迷信的否定，这就是哲学和神学的本质不同。

中国传统文化和西方文化的区别之一就在于，中国人虽然历史上不乏孔子、老子这样的大思想家，但无论朝廷

《亚当与夏娃》

习作《向阿波里奈尔致意》，夏加尔，1911—1912年，水粉画，现由私人收藏。

抵抗

1937—1948年，油画，画布，由汶斯圣保罗画室藏。

还是民间，对异端思想却一直不能容忍。各朝各代虽然不同思想的萌芽不断，但都被绞杀了。西方文化则不同，虽然也曾出现宗教裁判所和漫长的中世纪，但异端思想家却层出不穷，从苏格拉底到柏拉图、伽利略、哥白尼……数不胜数。犹太文化思想史就更不必说，斯宾诺莎、马克思、爱因斯坦、弗洛伊德、海涅以及拉萨尔、卢森堡等一大批激进的革命者，无不以其叛逆性和创造性著称于世，就仿佛卡夫卡之于表现主义，普鲁斯特之于意识流，贝克特之于荒诞派，约瑟夫·海勒之于黑色幽默，艾伦·金斯堡之于垮掉的一代，诺曼·梅勒之于后现代主义……而这些大师，都是犹太人。

在《圣经》中，犹太人的悖逆性格得到了十分突出的论述，这种悖逆首先是对上帝的悖逆，上帝谴责说："我养育儿女，将他们养大，他们竟悖逆我。牛认识主人，驴认识主人的槽；以色列却不认识我，我的民族却不留意我。"(《以赛亚书》)。上帝还说："祸哉！这悖逆的儿女，他们同谋，却不由于我；结盟，却不由于我的灵，以致罪上加罪。"(《以赛亚书》)。犹太人的先知摩西也曾谴责说："你当记念不忘，你在旷野里怎样惹耶和华你神发怒。自从你出了埃及地的那日，直到你们来到这地方，你们时常悖逆耶和华。"(《申命记》)。

哲学家斯宾诺莎就是有名的“犹太逆子”，他以其超人的智慧和对犹太教义的深刻感悟而被犹太拉比誉为“希伯来之光”，但他又因对上帝和犹太教的背叛导致被逐出教门，被迫流落他乡以磨制光学镜片谋生。但正是斯宾诺莎的叛逆及伟大的无神论学说，推动了哲学的发展，被誉为“近代最伟大的犹太人”，黑格尔甚至认为“要开始研究哲学，就必须首先做一个斯宾诺莎主义者”。斯宾诺莎 45 岁时死于海牙，但他那正直的人品和献身于理性探索的简朴严肃的生活，连他的对手也表示敬意。

斯宾诺莎的代表作是《神学政治论》，在其第一部分中，他对《圣经》采取了否定性的态度。他指出，预言是一种极其生动的想象产物，同他所理解的理性没有关系；先知是不具有哲学思辨能力的人，他们具有道德洞察力，但不具有理论方面的真理。《圣经》里的先知——包括摩西，具有许多彼此相冲突的观念，并经常表现出对他们提到的一些事件的自然原因的一无所知。他认为，《圣经》仅仅包含了大众化的思想，是为了迎合大众的心智而写成的，不仅不符合科学和理性，而且有许多逻辑性错误。他反复强调，《圣经》中的律法仅适于古犹太人的生活，理解《圣经》最恰当的方法就是站在《圣经》的立场上理解《圣经》。那么，宗教的真正功能是什么呢？是对大众生活的一种引导。哲学则不同，“除了真理以外没有其他目的；信仰，正如我们已经充分证明的，除了寻求忠顺和虔诚以外，不追求别的东西”。大多数人都未接受哲学的启迪,因此不得不依赖《圣经》给他们带来慰藉：“所有人都能遵从，而和绝大多数人相比，能够养成仅仅在理性的引导下行使这种良好习惯的人是很少的。”

斯宾诺莎随后指出，哲学家和科学家在思辨中须保持一种不为宗教教条所禁锢的精神自由。所以宗教的信仰容许哲学的思辨有最大的自由，容许我们对于任何事情爱怎么想就怎么想，不加苛责，只把那些传布易于产生顽固、怨恨、争端与恼怒的思想的人断定为异教徒与提倡分派的人；反过来说，只把那些竭尽心智劝我们履行仁义的人看作有宗教信仰的人。

对于国家来说，最安全的统治方式是制订认为宗教是引导人们趋从仁义的方式。在神学领域拥有和世俗领域同等权力的统治者们不得不付诸相应的行动——但每个人应能够自由思想和表达自己的意见。

最后，斯宾诺莎得出结论：君主想控制属民在思辨方面的信仰是对社会契约的篡改和对人基本和天赋权利的侵犯。

犹太人的幸存本身就是他们固有的保守主义的一个证明。但是，没有一个民族比犹太人在近代革命中付出的代价大。在 20 世纪初，许多人认为，犹太人就是叛逆和激进主义的代名词。马克思、拉萨尔、伯恩斯坦、卢森堡、托洛茨基、斯维尔德洛夫、加米涅夫、贝拉·库恩、鲍罗廷等无不是犹太人，在俄国革命家中有一半以上是犹太人，甚至许多左翼思想家或政治家因其异端思想和激进主义而被误认为是犹太人。

据此我们可以认为，就禀性及其宗教信条来说，犹太人是人们所能够指望的最顺从的守法者。但是，在残酷的生存条件下，他们也最容易产生异端的思想和激进的行动。犹太布尔什维克现象的产生，说明这个民族不仅没有衰朽，而且依然充满活力。这难道是“上帝的失败”吗?

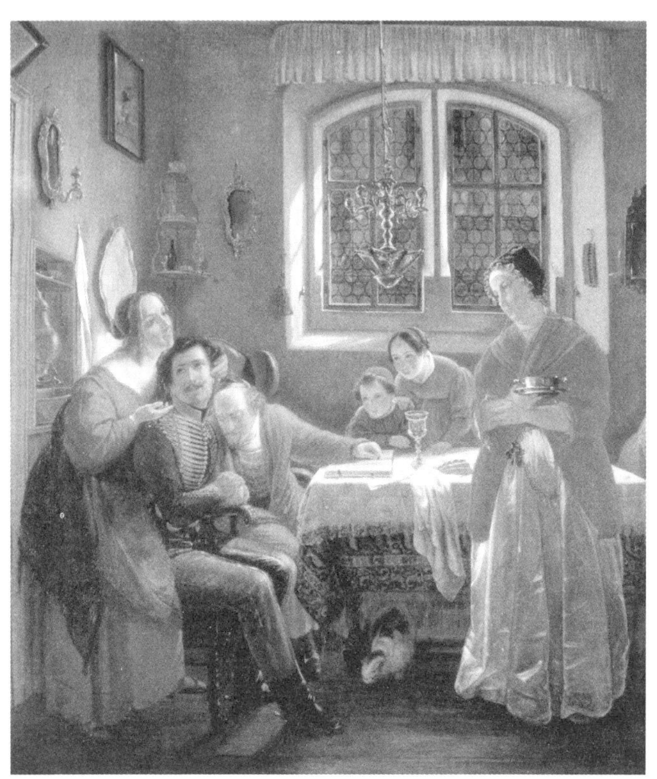

解放战争应募入伍的犹太志愿军回到他按古老传统生活的家中
奥本海姆，1833—1834年，油画，现藏纽约犹太博物馆。

第二十课　忏悔与赎罪

荀子曰："君子博学而日参省乎己，则智明而行无过矣。"这说明中国的先哲是不乏反省意识的。但实际的情况是，几千年过去了，中国人不仅没有培养起真正的忏悔意识，而且对重大的历史事件，甚至对自己的犯罪行为，从来没有反思过。秦始皇的"焚书坑儒"，清朝的"文字狱"，袁世凯的"八十三天皇帝梦"……多少次悲剧，有几人反省过？有几人忏悔过？

犹太人显然是懂得忏悔的。犹太人没有基督教的"原罪"观念，他们认为人生来就是完美的，虽然他可能犯错误，但依旧能够完美。犹太教认为人可能犯的错误有两大类：一类是对神的罪，一类是对人的罪。对神的罪和对人的罪一样，只要直接到神或人的面前忏悔即可。"赎罪日"是犹太教的一个重大节日。这一节日在本质上是犹太人承认人性脆弱的一种体现。在这天，犹太人都要绝食，终日祈祷和忏悔。他们汇集在犹太会堂里，由三名拉比朗读《塔木德》，并由代表们向上帝请求说："上帝啊，请原谅我们。"他们认为，每个人都是弱小的，每个人对"罪"都有责任，因此，

赎罪日在会堂中祈祷的犹太人

戈特利布，1878年，油画，现藏特拉维夫艺术博物馆。

一人有罪，众人共担。

此外，犹太人敢于直面苦难，并通过承受苦难来救赎自己。《塔木德》认为："与幸福相比，人在苦难时更应该欢欣。因为，如果一个人终生幸福，这说明他也许犯过的罪尚未被宽恕，但是通过受难，人所犯的罪便被宽恕了。灾难是好事。"

轻微的犯罪，无论是作为还是不作为，忏悔便可赎罪；对于不严重的犯罪，忏悔能使其搁置，等赎罪日一到便可赎罪。

赎罪日是犹太人所有节日中最为神圣的，虔诚的犹太教徒把这一整天都用来祈祷和参加宗教仪式。

如果一个人犯了要被上帝将其逐出教会或应当由法庭处死的罪行后而忏悔，无论其忏悔还是赎罪日都被搁置一边，只有苦难才能涤除他的罪。但是，犯了亵渎神灵罪名的人，只有死亡可以超度他。

如果一个人犯了罪，也为此做了忏悔，但却不改正自己的行为，这样的人像什么呢？像手持一条肮脏爬虫的人。即使他跳进全世界的水中，也洗不干净。

要在你们死去的前一天忏悔。那么，人能知道哪一天死吗？不可能。所以，人就有理由在今天忏悔，免得明天就死去。这样，他全部的日子就在忏悔中度过了。

透过这些至理名言，犹太人获得了精神上的指引，就不易在黑暗中迷路。

第五章　犹太英雄

宁可变卖所有的东西，也要把女儿嫁给学者；
为了娶得学者的女儿，就是丧失一切也无所谓。

——犹太格言

禁止住在没有医生的镇上，庸医是死亡天使的同事。

——犹太格言

对上帝来说，做出公正的裁决比牺牲还重要。礼物和财物能蒙住智慧的眼睛。

——犹太格言

在法庭上不允许被同情心所左右。
法官对人民应当怀有同情之心。

——《塔木德》

第二十一课　最有价值的货物

一个大学者和一群商人一起出海航行，商人们带了很多货物准备出售。

"你带了什么货物？"商人们问他。

"我的货物比你们的都有价值。"他回答说。

商人们很吃惊，但是，找遍货船也没发现他的货物。于是，他们开始嘲笑这位学者吹牛。

航行中间，海盗劫持了货船，抢走了船上所有的货物。

船终于靠岸，商人们一无所有，被困在岸上。学者则不同，他很快找到当地犹太会堂，并为教众仁讲解《塔木德》。由于他博学多识，迅速在当地引起轰动，不仅衣食住行无忧，而且出入都有大帮信徒前呼后拥。

那些商人们来找他："请原谅我们对您的嘲笑吧。我们终于明白了，知识是最有价值的货物。"

毋庸置疑，拉比和学者在犹太人的阶层中享有最高的地位，因为他们是拥有知识的人。这不仅是犹太人的传统，也是犹太人的宗教义务。不妨听一则有关犹太拉比的小故事：

一位令人尊敬的拉比去世了。他所有的信徒都渴望得到他的一件遗物，留作纪念。其中一个学生心系一柄烟斗，上面刻有精美的花纹。

在犹太教经学院里，一位学者在研习并抄写经文。

“这要花你一百个卢比。”拉比的妻子告诉他。

“对我来说这是一笔大钱。”信徒有些犹豫地说，“但是，请先给我看看，然后再决定。”

于是，拉比的妻子把烟斗给信徒，他点燃了它。你能想象发生了什么吗？

他刚吸完第一口，就仿佛看到了天堂的七重门全为他打开，里边有迷人的风景。

学生大喜过望，赶快用激动的双手数了一百个卢比，然后兴冲冲地带着烟斗回家了。

到家之后，他再一次点燃烟斗，并狠狠地吸了一大口。

你能想象发生了什么吗？

什么都没有？

什么都没有!

气昏了头的学生赶忙去找新来的拉比，并上气不接下气地告诉他整个故事。

“我的孩子，”新拉比微笑着说，“事情很简单，当烟斗仍属于拉比时，你吸烟时就能看到他所看到的。但它一旦变成你的烟斗时，就成了一只普通的烟斗，那你只能看到你平常所见的！”

拉比和学者们不仅知识渊博，聪明过人，而且性格温和，具有良好的个人涵养。不妨再讲一则关于犹太学者的小故事：

从前有一位好脾气的犹太法典学者，可他在妻子眼中，不过是一个丢三落四的傻瓜。

一个周五的下午，他从蒸汽浴室洗完澡回家，妻子吃惊地发现他没有穿衬衫。

“你的衬衫哪儿去了？傻瓜蛋！”

“衬衫？一定在浴室里有人穿错了！”

“可他的衬衫呢，你也没有穿呀。”

“哎！”学者叹口气，“那人一定是一个丢三落四的家伙——他忘了把他的衬衫留给我了！”

在犹太历史中，有许多有名的拉比都是大学者。亚基巴、希勒尔、艾黎扎、约哈南等都是有名的拉比学者。

一位犹太拉比在向孩子们讲解《摩西五经》

拉比们曾说过：如果一个人来到天国裁判所并说："我太穷了，终日为果腹奔波，没有时间学习。"那么，他就会被问以这样一个问题："你比希勒尔还穷吗？"

希勒尔曾经是一个穷人，为别人打工，每天只挣半个第纳尔。他用收入的一半付给学校的门卫，而用剩下的一半来给自己和家人过活。在某一个安息日的前夜，他一分钱也没挣到，但仍要听课，可不付钱门卫不让他进学校。于是，他爬到教室的屋顶上，透过天窗去听拉比讲课。不一会儿，下起大雪来了，将他浑身覆盖得如同一座小山，可希勒尔非常入迷，始终没有挪动一下位置。

第二天早晨，拉比对学生们说："孩子们，这间屋子每天都很亮，为什么今天却很暗，是不是天阴啊？"他们抬头看天窗，却发现屋顶上有一座人型的冰山，爬到屋顶，他们发现了被大雪覆盖并冻僵了的希勒尔。从此以后，希勒尔成了免费的学生，犹太学校成了免费的学校。最后，希勒尔因勤奋好学，成了犹太拉比中的泰斗。

希勒尔的许多名言耐人寻味：

没有人是贫穷的，除非他没有知识；拥有知识的人拥有一切。如果一个人连知识都没有，那他还能有什么呢？一个人一旦拥有知识，那他还能缺什么呢？

学习使人严谨，严谨使人热情，热情使人洁净，洁净使人克制，克制使人纯洁，纯洁使人神圣，神圣使人谦卑，谦卑使人恐惧罪恶，恐惧罪恶使人圣洁，圣洁使人拥有神圣的灵魂，神圣的灵魂使人永生。

学者的地位高于以色列王，因为如果一个学者死了，没有人能替代他；而如果一个国王死了，所有的犹太人都可以胜任。

第二十二课　博士和医生

拉比拯救人的灵魂，学者丰富人的大脑，医生则医治人的身体。因此,犹太英雄排行榜中位居第三的应该是医生。

著名犹太学者依萨克博士，长着一撮山羊胡子，看起来非常像一个俄裔犹太医生。

一天，一个老妇人来找他。

“医生，”她抱怨道,“我的风湿病把我折磨得死去活来。你能不能——”

“对不起，”依萨克博士打断她说，“你弄错了，我只是名哲学博士。”（注：英文中博士和医生都是同一个单词doctor)

“告诉我医生，”她嘀咕道，“哲学生了什么病？”

这虽然像一则笑话，却从侧面反映了医生和博士在犹太人心目中的地位是相同的。

犹太教认为：

如果医生在能够提供治疗的时候拒绝，他就被认为是谋杀者，即使有其他的人能够治愈病人；如果一个人没有得到犹太法庭的许可而行医，他必须赔偿，即使他是一个专家。

如果一个医生无意中伤害了病人，他可以逃脱人间的法律制裁，但是要受到上帝的审判。如果医生由于疏忽造成了病人的死亡，根据过失杀人的法律，他必须受到放逐。

医生不仅仅是发放药品的人，也不只是会说话的计算机。在给病人看病的时候，涉及道德问题。医生和病人之间的关系不是简单的商业交易，它是丰富的人与人之间的关系，有关心、信任和责任……

医生和病人有一个契约，他洞察了病人的生命，影响他生活的心情，通常还决定他的命运。医生是上帝帮助信徒治病的代理人，他凭自己的医术和医德赢得荣誉，他的地位仅次于贵族。在一个由有文化修养的人居住的城市中必须具备的条件共有十项，其中非常重要的一项便是必须有外科医生与内科医生。

犹太人最痛恨的是庸医。他们认为，庸医是死亡天使的同事。《塔木德》中写道：

医学论著

西班牙，巴塞罗那，约1330—1340年，羊皮纸、彩色墨水、颜料、金，现藏巴黎法国国立图书馆。

医生不能因为给了病人建议而收费，因为通过和病人分享知识和智慧，他完成了使病人恢复健康的宗教义务。就像上帝无偿地服务，医生也应该这样做。不过，医生可以为他看望病人所花的时间，为他开药方而费的辛苦而接受报酬。什么报酬也不要求的医生什么也不是。但是，为穷人看病一定要有同情心。病人是受苦的人，而医生是他们的希望的偶像。

当你需要医生的时候，你把他看作上帝；
当他使你脱离危险，你把他看作国王；
当你痊愈的时候，他变成和你一样的人；
当他把账单交给你，你认为他是魔鬼。

犹太人对医生的重视和对人类医学的贡献，是众所周知的。古代的时候，医生的职业是由祭司来担当的，他们是以社区人民健康管理员的身份而拥有权威，负责督促大家执行属于社会卫生的各种规定，把医术和卫生纳入宗教的轨道。犹太人认为，身体的纯洁与道德的纯洁同等质量，没有躯体的洁净，就不可能有心灵与头脑的纯净。有人统计过，《圣经》中的各种教规戒律共有 613 条，但与医药有关的就多达 213 条。防止流行病，禁止卖淫嫖妓，抑制性病，经常洗澡，保护皮肤，严格的饮食卫生与环境卫生的规定，性生活中的准则，隔离与检疫，对于休息日的遵守以及及时预测的习惯，有力地阻止了曾在邻近国家中流行并带来严重后果的疾病在犹太民族中的传播。犹太人早已意识到传染病是由衣服、家用器皿的直接接触而传播的。为了防止传染病，古犹太人还制订了一系列的细则，包括勤洗手、及时隔离、检疫和焚烧患者的衣服和用具以及病房消毒等非常具有现代意义的一系列措施。在《圣经》中提到的疾病有：痔疮、牛皮癣、疥疮、痨病、热病、火症、瘟疫、麻风、眼睑炎、结膜炎，对白内障也有提及。《圣经》中提到的治疗法有清洗法、光照、药物服用，还有人工呼吸等；外科手术中有割包皮及阉割。割包皮既是犹太人成为“上帝选民”的特殊标记，也有利于性器官的健康卫生。

《塔木德》时期犹太人对医学的贡献就更大了，不仅产生了医生，而且对医生的职责和医疗观念有了系统的认识。犹太人制订了专门的规则，谁要把房子租给医生必须事先征得邻居的同意，以免上门看病的人的哭声打搅了他们。对穷人和贫困者看病非常优惠，为了不使他们难堪，医生在墙上挂一只箱子，任何病人都可以把医疗费放入箱子而不被人注意。《塔木德》对医学的另一重要贡献是，注意对疾病的预防和对社区健康的特别关注。

犹太人的历史，不仅是一部民族苦难史，同样是一部

西方医学史。在《圣经》时期、《塔木德》时期以及中世纪

药房内行医

阿维森纳《医典》，佛罗伦萨，约1440年，羊皮纸、墨水、颜料，现藏意大利波伦亚大学图书馆。

以后，犹太医学获得巨大进步，尤其是对现代医学，犹太人作出了巨大贡献。19 世纪上半叶，三位犹太科学家对临床医学的进步功不可没。柏林大学教授莫里茨·龙伯格是

近代神经病理学的奠基者；柏林大学副教授罗伯特·雷马克，不仅于 1842 年发现了早期胚胎，于 1844 年发现了心脏神经细胞，还首创了电疗法以治疗神经病；路德维希·特劳贝则堪称最伟大的临床医学家。到了近代，明科夫斯基是近代新陈代谢研究的创建者，乔治·海耶姆则是描述血小板的第一人，弗洛伊德提出了革命性的精神分析学说，爱德华·亨诺克和亨利希·芬克尔斯坦则是近代儿科的领头人。解剖学和病理学中，至少有 12 种显微结构是以犹太人亨勒来命名的；皮肤病学更是犹太人擅长的学科，甚至被称为“犹太皮肤”，可的松、拉沙药膏等都是犹太人发明的；青霉素和链霉素也分别是犹太人弗莱明和瓦克斯曼发明的，并分别获得了诺贝尔医学奖。获诺贝尔医学奖的犹太人还有：吞噬细胞的发现者梅契尼科夫，细胞生理学的专家奥托·迈尔霍夫，血型细胞和血型检验方法的发现者卡尔·兰德施泰纳，细胞呼吸的研究者奥·托·瓦尔堡以及杰出生物化学家奥托·勒韦等十多位。其他为人类医学作出伟大贡献的犹太科学家数不胜数，包括“胆汁循环理论、梅毒的防治、伤寒疫苗等的医学成果更是同犹太人密不可分。

第二十三课　公平的法官

《塔木德》说:“世界的三大支柱是:诚实、公正与和平。”因此，公平的法官是继拉比、学者、医生之后的又一犹太英雄。“礼物和财物能蒙住智慧的眼睛，对上帝来说做出公正的裁决比牺牲更重要。”因此，在犹太传说中，人们总是赞美聪明的法官，讽刺和嘲笑那些不遵守律法的人。我们不妨看几个有趣的故事：

老人、蛇和所罗门的裁决

这个故事发生在大卫国王时代，国王的儿子所罗门还是个小孩。那是个冬天，有一个老人走在路上，看见一条快冻僵的蛇。这位老人想着应该对一切生物都有仁慈之心，就把蛇放进怀里去暖它。一会儿蛇醒来，发现自己在一个人的怀里，就狠狠咬了他。老人对蛇说：“我救了你的命，你为什么却咬我？如果不是我，你就冻死了。”他接着又说：“我们去找个法官看看你这么做对我是否公正。”蛇说：“我愿意，但我们去找谁呢？”老人回答：“就找我们碰到的第一个‘人’吧。”他们一起往前走，首先碰到了一头牛。老人对牛说：“请站住，帮我们裁决。”于是他陈述了如何救了蛇，而现在蛇却咬他的事。这时蛇说：“我这么做完全对，因为《圣经》上写着：‘我将让蛇和人类互相憎恨。’”牛对老人说：“蛇伤害你是对的，尽管你这么好心地对它，因为这是这个世界的法则，往往一个人好心对人，得到的却是以怨报德。我的主人就是这么做的。我每天在田里做活，付出了很多。然而到了晚上，他吃最好的，只给我一点稻草；我的主人睡在床上，而我只能在露天的院子里，让大雨浇淋。这是这个世界的法则，因此蛇咬你是没错的，尽管你救了它的命。”老人听了这些话很难过。他们继续往前走，碰到一头驴子。他们把对牛说过的话又告诉了驴子。但驴子的回答也和牛一样。

所罗门正在聚精会神地研读《托拉》。摘自《伦敦杂集》中的希伯来圣经和礼仪抄本。

然后老人到了大卫国王这里，控诉这条蛇。大卫国王说："蛇是对的。你难道不知道《圣经》上的话吗？那上面写着：'我将让蛇和人类互相憎恨。'因此我没法帮你。你不应该救蛇，你应该让它死掉，它是我们的敌人。"老人眼里含着泪离开了国王，当他走着的时候，他在井边看到了小所罗门。小所罗门的手杖掉进了井里，正命令仆人把井源掘深些，让水溢满井，手杖漂起来，他就可以拿到了。老人看到这里，他想："这一定是个聪明的孩子，把我的事说给他，也许他可以保护我。"于是他把他和蛇的故事告诉了小所罗门。所罗门问："你去过我父亲那里了吗？"老人说："是的，我去过，但他说他帮不了我。"小所罗门说："让我们再去一次。"

于是他们又来到大卫国王面前，老人手里拿着一个拄杖。小所罗门说："您为什么不给这个老人和蛇做裁决呢？"大卫国王回答："我无法做裁决。谁让他不记住律法上的话呢？"小所罗门说："亲爱的父亲，给我个机会，让我给他们做裁决吧。"大卫国王说："好儿子，如果你认为你行，就尽管做吧。"于是小所罗门转过身来，对蛇说："你为什么对这么好的人做出这么邪恶的事？"蛇回答说："主，是他保佑我，命令我咬人类的脚后跟。"小所罗门说："你是否愿意再看看律法上写的是什么？"蛇说："当然，十分愿意。"接着小所罗门说："假如你愿意按照律法上写的做，你就应从他身上下来，站在他旁边。因为律法上写着，如果两个人争吵，必须一起站在法官的面前，所以你应该站在他旁边。”蛇回答说：“我很愿意这样。”因此舒展身子，站在了老人旁边。这时所罗门对老人说：“现在按照律法上写的对待蛇吧，律法上说你必须打碎蛇的脑袋，请这么做吧，因为蛇已经答应接受律法的裁决。”这位好心的老人于是举起拄杖把蛇打死了。

因此，人不应该像那位老人一样，对邪恶的东西施予好心。

谁的过失

一只水獭一天跑到所罗门国王面前抱怨说：“哎呀！我的国王！难道不是你把和平和真理传播给人间上的所有生物吗？那你是不是同样颁布了动物间应和平相处的法令呢？”

“有谁打破了和平吗？”所罗门问。

“我潜到水底，”水獭回答道，“去找食物，把我的孩子交给黄鼠狼照管，但它不好好照管，还伤了它们，现在我那无辜的孩子的血要求杀死害人者！”

于是所罗门把黄鼠狼叫来，问它：

“是你暂管了水獭的孩子？”

黄鼠狼回答道：

“是的，我的国王。但是，国王您明鉴，我不是故意或是有邪恶的目的。我听见啄木鸟的长嘴发出鼓一样的声音，宣告要有战争了。我听到这个，急于逃离战争，这才踩到了孩子们，但我没有坏心。”

于是国王叫来了啄木鸟问它：

“是你发出鼓声警告战争来了吗？”

啄木鸟回答：

“是我，国王。但我这么做是看到蝎子在磨它的匕首。”

国王叫来了蝎子问它：

“你为什么磨你的匕首？”

蝎子回答：

“因为我看见乌龟在擦它的盔甲。”

国王叫来乌龟询问它，它辩护说：

“因为我看见螃蟹在磨它的刀。”

国王叫来螃蟹问它：

“你为什么磨你的刀？”

螃蟹回答说：

“我看见龙虾在练标枪。”

于是国王叫来龙虾，问它：

“你为什么练标枪？”

龙虾回答说：

“因为我看见水獭在水底吃我的孩子。”

然后国王看着水獭说：

“黄鼠狼没有罪，你孩子的血应该算在你头上。这是种瓜得瓜。”

公平的裁决

泽巴雅兹的沃尔夫拉比执法很严格，作为一个清廉的法官，他声名远播。一天，他妻子大叫起来，说她的女仆偷了一件很贵重的东西。那个仆人是个孤儿，双眼含泪地否认。

“让我们到拉比法庭去解决吧！”主妇很生气。

当沃尔夫拉比看到他妻子准备去法庭时，他立刻穿上了他的教袍。

“你干什么？”他妻子很奇怪，“以你的地位和我一起去法庭是有失尊严的。我可以很好地为我自己辩护。”

“我知道你能，”拉比回答说，“但是谁替你的女仆辩护，这个可怜的孤儿？我必须得看到对她要公正。”

他不应该得到报酬

在一个小镇上有一个医生，只想着向病人多收钱。一

所罗门的审判

拉菲尔，1508年，湿性壁画（天井画），现藏罗马梵蒂冈宫签署厅。

天，一个穷裁缝请他给自己的妻子治病。在检查完病人后，医生对丈夫说："这个病要花我很多时间，我看你是支付不起医疗费的。"

"求求你，医生，请你救救她的命！"焦急的丈夫乞求，"我保证我会典当一切来支付你的费用！"

"如果我治愈不了她，你也会同样支付我的费用吗？"

"不管发生什么，你治好了她或者治死了她，我都会给你钱！"丈夫叫道。

于是治疗开始了，但没几天，那个妇人就死了。不久，医生要求支付1500卢比的费用。但丧妻的丈夫告诉他，他支付不起。按照犹太人的惯例，他们让拉比来解决。

圣者很快就明白了发生的事。

"再告诉我一遍，"他问医生，"你们定的合约是什么？"

"不管我是治好了她，还是治死了她，我都会得到给他妻子看病的费用。"

"你治好她了吗？"拉比问。

"没有。"

"那你治死了她？"

"我当然没有！"

"那么，既然你没有治好她，也没有治死她，你有什么权利要钱呢？"

神的保佑

一个妇人曾经到拉比那里抱怨。

“拉比，”她痛苦地说，“我的丈夫是个傻瓜——他把所有的钱都给了穷人。请你让他明白这么做是犯罪。”

她正说着的时候又进来一个穷人，他暴躁地说：“拉比，我的妻子病得很重，我的孩子在挨饿，但我那富有的兄弟却拒绝帮助我们。”

拉比于是对妇人说：“回去把你的丈夫带来。”又对那饥饿的穷人说：“回去把你的兄弟带来。”

两个人都来了。

“你怎么那么不现实？”拉比问那个仁慈的人。

“一个人的生命在世界上就像心跳一样短促，”那个人回答，“因此，我害怕死亡会剥夺我做好事的权利，所以我分散了我的钱。”

“那你为什么这么吝啬、冷酷？”拉比问那个富有的兄弟，“你为什么不帮助你的亲人？”

“拉比，”那个守财奴回答，“人怎么知道他哪一天会死？如果我活 120 岁呢？难道你希望我在老年的时候一无所有吗？”

拉比沉思了一会儿，然后带着一种神秘的微笑说：“希望上帝保佑你们每个人实现自己害怕的事！”

聪明反被聪明误

很久以前有一个穷人，有一天他在路上行走时，忽然发现在路上有一个小袋子。出于好奇，他打开了袋子，结果吃惊地发现里面有100枚金币。

就在同一天，教堂里的司事宣布镇上最富有的人丢了一大笔钱，并答应给捡到者丰厚的酬金。

穷人听到这个消息，开始和自己的良心作斗争。应该不应该归还这笔钱呢？毕竟，没有人看到他捡钱，而且家里的孩子正哭着要东西吃。再说，丢钱的人不是很富有吗？他不在乎这些损失！但是突然他很为自己这种邪恶的想法不安，于是穷人很快把钱归还给富人了。

那个富有的人接过了钱，甚至连句“谢谢”都没说，只是很悠闲地一个接一个地数钱，同时心里在想：“这个人是个傻瓜，我什么都不会给他的。”

“请问我的酬金呢？”穷人怯生生地问。

“酬金！”富人大叫，“为什么给你酬金？你看着呢，我才数了100个金币，然而我的袋子里有200个金币。既然你已经偷走100个金币了，就再不要说什么酬金。”

“那让我们到拉比那里去。”穷人说。

“很好。”富人说。

拉比认真地听完他们的话。然后转向富人，问：“你丢的袋子里有多少钱？”

“200 个金币。”

“那你捡的袋子里有多少钱？”拉比问那个穷人。

“100 个金币。”

“既然这样，”拉比对富人说，“他捡的这个袋子不是你的，我命令你把那 100 个金币还给人家！”

对于犹太人来说，公平的法官是上帝的助手，他们至少应具备七种素质：聪明，谦逊，敬畏上帝，对不义之财不屑一顾，热爱真理，爱护百姓和有一个好名声。

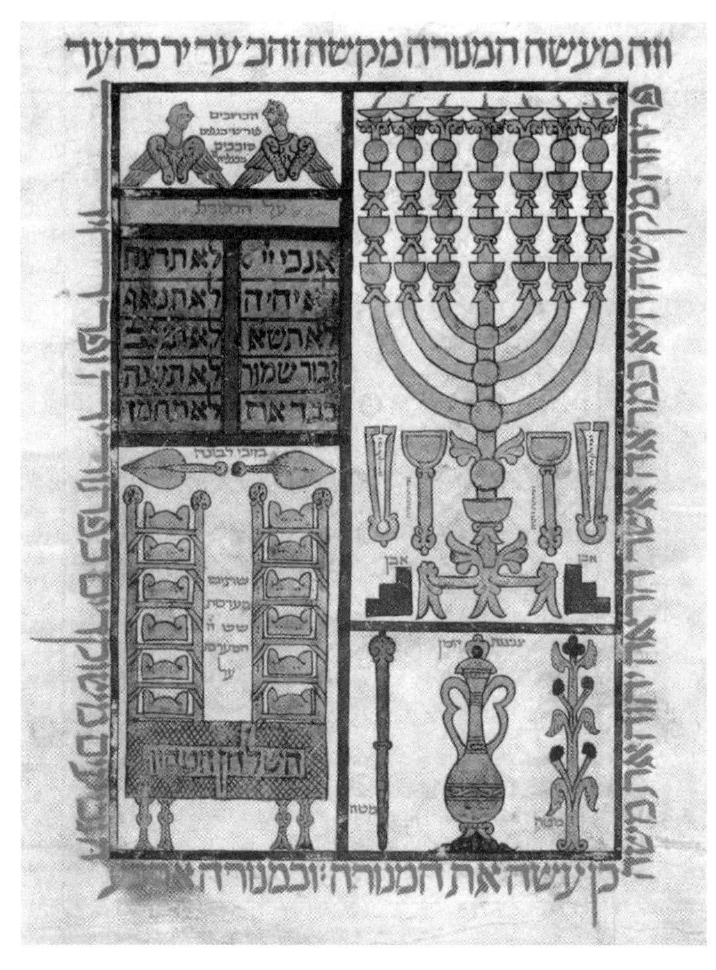

圣殿的器具

《圣经》，法国佩皮尼昂，1299年，羊皮纸、墨水、颜料、金，现藏巴黎法国国立图书馆。

第六章　犹太风趣

哭对上帝，笑对世人。

——犹太谚语

笑在脸上，哭在心里。

——《圣经·箴言》

幽默乃是没有保身之术的最后的武器。

——弗洛伊德

众所周知，犹太人长期流离失所，历尽屈辱和磨难，生活锻炼了他们，他们获得的巨额回报就是：智慧和笑声。他们经历的苦难太多了，无法用长久的泪水反抗严酷，只有笑声才能保护他们，只有笑声才能化解苦难。

犹太人哭对上帝，笑对世人；笑在脸上，哭在心里。因此，他们的笑声中不仅有浓浓的悲剧情调，而且充满着对生命的讽刺和批判，并蕴含着独特的智慧。他们在笑声中自我调侃着，净化着自己的灵魂，缓解痛苦，娱乐身心，追寻着生活的尊严。这就是世界上最高级的幽默——犹太风趣。

第二十四课　糟糕的世界

一名犹太人在逾越节前夕到裁缝处定做一条裤子。这名裁缝手艺很好,顾客盈门,所以总是不能按期交活。因此，这名犹太人担心没有新裤子过节。

逾越节前一天，犹太人终于在裁缝处拿到了新裤子。他说道："谢谢你按时完活，但是，你看看上帝只花了六天时间就创造出宇宙和整个世界，但是你为什么竟用了六周才做成这样一条简单得不能再简单的裤子呢？"

"哦，先生啊！"裁缝激动地回答，"你看看这条裤子的制作是多么精细，你再看看上帝的手艺是多么糟糕啊！"

《舞》

夏加尔，1920年，蛋彩，由莫斯科泰迪雅科夫画廊藏。

不借钱的原因

有两个曾经打过照面的人又遇见了。他俩从波兰来，在纽约东部的德兰思大街上相遇了。

“嗨！最近生意如何？”

“还好。”

“那样的话，借给我五块钱怎么样？”

“为什么我要借给你五块钱，我跟你一点儿都不熟！”

“真是可笑！在我们那里，那群老街坊不肯借给我钱是因为他们太熟悉我了，而在这里你不肯借给我钱竟然是因为他不熟悉我。”

谁的职业最古老

有三个朋友，一个是建筑师，一个是外科医生，一个是政客。他们一起前往海边钓鱼，在等鱼上钩的时候，他们热烈地争论着“究竟谁的职业最古老”这一问题。

外科医生抢先说道：“上帝不是从亚当的胸膛里取出一根肋骨才造出了夏娃吗？理所当然，外科医生是最先为上帝服务的。”

捐赠书

摩西·迈蒙尼德，《密西拿律法书》，意大利波伦亚，约1400年，羊皮纸、墨水、颜料、金，现藏耶路撒冷国立大学图书馆。

建筑师当仁不让，争辩道："不对，那之前，天地一片混沌，是建筑师让世界恢复了秩序。"

最后，政客不慌不忙地说："你俩都晚了。是谁制造出混沌的？那不就是我们政客嘛！"

互报姓名

摩西·门德尔松是德国18世纪的大哲学家，而且有典型的犹太人的体貌特征。一天，他在柏林大街上散步时，不小心撞到穿军服的普鲁士军官身上。

军官冲他粗鲁地叫道："笨猪！"

这时，哲学家微微弯了弯腰，彬彬有礼地说："门德尔松。"然后扬长而去。

守规矩的犹太教姑娘

有一个犹太母亲，她的儿子娶了一个异教姑娘。这个姑娘后来皈依了犹太教。一天，犹太母亲来看望儿子和儿媳妇。她对儿媳妇非常满意和喜欢，同时对儿媳妇如此适应犹太教的礼仪和教规不胜惊叹。

这天中午，年轻的夫妇和老妇人都在吃鸡肉色拉三明治。老妇人向儿媳妇要一杯牛奶，儿媳妇对婆婆的要求大吃一惊。“噢，不可以，”她回答说，“你知道，我们不能把肉类和牛奶食品混在一起吃。”这位做婆婆的十分不好意思，无言以对。但是，当儿媳妇离开饭厅时，老妇人转身对儿子说道：“你这个傻瓜，你不应该娶一个守规矩的犹太教姑娘！”

一个谨慎的男孩

安全总是以色列人想到的最重要的事情。约瑟夫是一个11岁的少年，他的父母叮嘱他和陌生人讲话时要小心谨慎。

一天下午，约瑟夫带着他的狗在离公路不远的地方散步。一辆小车开了过来，坐在司机身边的乘客对他喊道：

“请告诉我，小孩，这儿离耶路撒冷还有多远？”

“这要看你行路的速度。”小男孩小心翼翼地回答道。

“你叫什么名字，小孩？”

“我的名字和我爷爷的名字一样。”

“那么你爷爷的名字叫什么？”

“和他爷爷的名字一样——我们家给孩子取名时都用爷爷的名字。”

“你家还有几个像你这样的孩子？”

“我妈妈给多少个孩子开饭就有多少个孩子。”

“那么需要多少个座位呢？”

“在我们家，每个人都有个座位。”

界定“会议”

一个以色列小男孩问他的父亲——一位以色列外交使团的成员：“爸爸，一个会议是什么意思？”

“一个会议是指人们聚在一起讨论重要的事情，然后决定——再举行一个会议。”

犹太人就是以这样的口气，调侃着世界，调侃着一切。

第二十五课　拉比与开比

有两个人死在以色列：一个是拉比，另一个是开比（出租车司机 Cabbie 的音译）。他俩碰巧是邻居，都住在耶路撒冷，彼此认识已有好多年了。幸运的是，他俩都是正人君子。现在，他俩又在犹太人常说的“天国”里见面了。

拉比注意到的第一件事就是：他在尘世的朋友现在住着漂亮宽敞的房子，而给他住的却是简陋的小木屋。

拉比伶牙俐齿，擅长辞令，他找到天国的管事大加抱怨："难道我不是一个好人？"他质问道，"难道我没有为上帝的工作而辛苦了一辈子？这是对我的公平的待遇吗？"

天国的管事们简略地商讨了一下，其中一个说道：

"拉比，事实说明问题。记录显示，当你讲经布道时，每个人都打瞌睡；而当这位出租车司机开车时，他的所有乘客都不停地使劲祷告。"

拉比是犹太英雄中最令人尊敬的职业，但是犹太人同样不放过他们，因为，犹太教最忌讳的就是偶像崇拜，除了上帝，他们不神化任何人。

处理钱的办法

一个拉比，一个神父，一个牧师，坐在同一辆火车上。他们在一起谈论着各自的教徒和天命。拉比说，犹太教堂没有设募捐盘，不过很多教堂都有一个可以放捐款的施舍箱。

牧师说，他总是在办公室的地板上画个小圈，然后把募捐盘里的钱币拿出来抛向空中。"恰好落在小圈里的是给上帝的，剩下的是给我的。"神父说他也是这么做的。拉比接着说："我所做的与你们的略有不同——我把钱扔向空中，上帝能接到多少就拿多少——剩下的就是给我自己的。"

一张替换的支票

有一个很富有的慈善家，一生资助过许多宗教团体和教育机构。他感到自己正走向生命的终点，于是叫来了三个朋友。这三个朋友，一个是犹太教的拉比，一个是新教的牧师，一个是天主教的神父。在过去的很多年里，这三个人一直在引导他为各种各样的事业捐助。

这个垂死的人告诉这三个教士，自己在遗嘱中已为他们三人各自所支持的种种机构拨出了资金。不过，慈善家对他们也有一个请求——当他的棺材被放在地底下时，请他们三人每人把一个装满3000美元现金的信封放进坟墓，与他一块儿入土。

“我知道这听上去很好笑，”他声音微弱地说道，“可是如果我真的要去另外一个地方，我可能需要钱用。”然后，他递给三人每人一个信封。

当天夜里，他死了，他的葬礼很快就举行了。葬礼之后，这三个教士聚在一起交换意见。牧师说：“你们知道，我们极其需要一个新屋顶——我只放了1000美元进去。”神父也坦白说：“我也一样——我们的学校今年开销特别大。”拉比说：“我倒是把整整3000美元放进去了——不过我忘了拿现金，放进去了一张支票。”

不同寻常的赞美词

像大多数的少数民族一样，犹太人也替这样的犹太人感到难为情：罪犯、吝啬的地主、搜刮贫民油水的房东和一般所说的坏蛋。另一方面，犹太人也为这些犹太人感到极度骄傲：那些促进科学和医药发展的人，那些为艺术和文化事业作出贡献的人以及那些为了每一个人生活得更好而努力建设世界的人。

因此，当一个有名的匪徒的家属找到芝加哥市某个犹太教堂的拉比，要求他在匪徒的葬礼上主持仪式并发表赞词时，拉比拒绝了。匪徒的寡妇不接受“不”的答复，她一再央求拉比，指出如果没有这个仪式，那么她的孩子们一辈子都会感到羞辱，脸上无光。出于对这个家庭的同情，拉比同意了。

仪式是在一个平常能容纳二百人的小教堂里举行的，大约有十几个人出席了仪式。拉比站在一个高坛上，在他前面放置着盖了盖子的棺材。死者的妻子和他们的两个孩子都坐在前排座位上，几个上了点年纪的男人和女人似乎都是这寡妇的家人和朋友。

这或许是拉比生平第一次感到不知如何措辞才好。死者多次被捕入狱，是牢房里的常客，他的名字经常与各种各样的犯罪活动联系在一起。拉比实际上从未见过死者，虽然他认识死者的妻子和孩子们，因为他们时不时还参加宗教仪式。好几次，有人曾将他们指给拉比看。

拉比为这个新死去的人读传统的祈祷文，第一遍用希伯来语念，接下来用英语念。他摘下眼镜，目光向下凝视着这小小的人群。

“还有，我只能说，”拉比宣称，“死者的兄弟更坏！”

免费理发

镇上有一家新开张的理发店。有一天，一个天主教神父走进这家理发店。理完神父的头发以后，理发师不肯收他的钱，说：“不收教士的钱。”第二天，神父给理发师送来了一瓶名为约翰尼沃克的酒。

过了几天，当地的一个新教牧师也走进这家理发店来理发。这次，理发师又没有收费，并且作了和上次同样的解释。第二天，这位牧师给理发店送来了一棵十分可爱的植物。

又过了一周，一个拉比走进来理发。理发师又不收他的钱。过了一周，这个拉比给理发师带来了另一个拉比——来免费理发。

拉比和神父打了个赌

雷利神父和金斯伯格拉比已是老朋友了。一天晚上，他们俩在拉比的书房下棋。拉比的妻子晚上不在家，她去主持一个会议了。

“请你告诉我实话，”天主教神父问他的朋友，“你真的从来没有尝过熏猪肉或猪肉吗？”

拉比微微一笑：“从来没有。”

雷利又说：“这事就只能咱俩知道，我们来打个小赌——如果你答应我你一定会去吃一盘熏猪肉和鸡蛋，我就以《圣经》的名义起誓，我一定去找一个女人。这之后，咱们来交换一下情况。”

金斯伯格微笑着。当他确信他的朋友是认真的时，他说：“好吧，咱们过一个月再到这里会面。就按你说的，咱们来交换一下情况。”

一个月过去了。有一天晚上，金斯伯格夫人又不在家时，拉比和神父又聚在一起。他们仍然是在拉比家下棋。

雷利神父首先开口：“情况怎么样？我是说熏猪肉——味道不错，对吧？”

拉比微微地笑了：“不错，约翰，的确不错，我不得不承认——那味道使我想起我母亲过去总是用鸡肉做的一种菜。不过，你怎么样？你去没去——”

有那么一会儿，雷利神父看上去很局促不安，他的脸红了，说："喔，我不得不承认——它胜过熏猪肉的美味。"

金钱的测试

一位无神论者来看拉比。

"您好，拉比。"无神论者说。

"您好！"拉比回礼。

无神论者拿出一个金币给他，拉比二话没说装进了口袋里。"毫无疑问你想让我帮你解决一些事情，"拉比说，"也许你的妻子不孕，你想让我帮她祈祷。"

"不是，拉比，我还没结婚。"无神论者回答。

于是他又给了拉比一个金币，拉比二话没说又装进了口袋。

"但是你一定有些事情想问我，"他说，"也许你犯下了罪行，希望上帝能宽恕你。"

"不是，拉比，我没有犯过任何罪行。"无神论者回答。

他又一次给拉比一个金币，拉比二话没说又一次装进了口袋。

"也许你的生意不好，希望我为你祈福？"拉比期待地问。

"不是，拉比，我今年是个丰收年。"无神论者回答。

他又给了拉比一个金币。

“那你到底想让我干什么？”拉比迷惑地问。

“什么都不干，真的什么都不干，”无神论者回答，“我只是想看看一个人什么都不干，光拿钱能撑多长时间！”

只有傻瓜才问过多的问题

在斋戒日期里，一个生病的犹太人去看拉比，希望得到允许吃东西，因为他得为他的健康考虑。但是当他走进拉比的房间，吃惊地看到拉比正开怀大吃。

“拉比，”他结结巴巴地说，几乎不敢相信自己的眼睛，“我是一个病人——我今天还要斋戒吗？”

“什么问题！”拉比回答，嘴里满是食物，“你当然要斋戒！”

好一会儿这个病人站在那里，不知是该进还是该退。最后，他鼓起勇气问：“请原谅我的无礼，拉比，你怎么能命令我斋戒而你却在吃饭？”

“因为我还不够傻，不需要去问拉比。”拉比带着一丝微笑，继续吃饭。

第二十六课　学问的一种用处

一天，一个陌生人走进了研究室，以前没有人见过他。他默默地走到书本堆积如山的书架旁，开始一本一本查起来，有一卷卷的犹太法典，还有许多著名学者的著作。

那时，研究室里都是学者。他们惊讶地看着那个人。

“他一定是位渊博的学者！”其中一位充满敬畏地小声说。

“我这辈子还没见过一次引用这么多经典的学者！”另一个人吃惊地说。

摩洛哥犹太人在亲吻拉比的胡须以示尊敬

陌生人整齐地摞起他的大部头书籍，接着爬上书本的顶端，从书架顶上把一块藏在那儿的干奶酪拿了下来。全场一片哗然……

犹太人最讨厌的是不学无术的人，最担心的是读死书的人。

违背自然

从前，有一个虚伪的学者，他总是抓住任何时机来吹嘘自己的学问。

一天，他写完了一篇评论文章，就去找教士给他作序。伟大的艾里亚教士看了文章以后，坚决拒绝说："很抱歉，我不能给你作序。"

"为什么？"

"它颠倒了事物的自然顺序。"

"怎么会呢？"虚伪的学者问道，认为他自己的观点是最有创意的。

"自然的顺序是从废墟中建起一座楼，"教士回答道，"而你，我的朋友，把顺序颠倒过来了——你把一座楼变成了废墟！"

诊断

一个陌生人到镇上来拜访一个富人。

"我是一名教士，又是学者，我生病了，请给我一点资助吧。”他要求道。

这个富人也有点学问，他丝毫不为陌生人的外表打动，开始来考查他的学识了。

“告诉我，亲爱的教士，你对郎巴门的《解惑之道》熟悉吗？”

“岂止是熟悉！我13岁时便研究它了。”拜访者回答道。

“你研究过托尔斯泰的法典评论《复活》吗？”

“瞧你说的！”陌生人轻松地回答说，“我都能倒背如流。在很小的时候我就看过了。”

“我的朋友，”富人笑着说道，“在我看来，与其说你是个有病的学者，倒不如说你是个健康的傻瓜。”

优雅的方式

富有的列宛先生自己没有受过教育，但他把自己的独女送到巴黎的一所学校。女儿回家后结了婚，到了该生小孩的时候，就被送到了妇产医院。她的父亲过来看她怎么样，她就温柔地呻吟道：“我有点痛！”（注：她说的是法语）

“医生，医生——快点，她要生了！”她的父亲惊慌地叫道。

医生冷静地摇摇头回答道：“还没有，还没有呢！”

一小时后，当女儿听到医生来时，就优雅地叫道："医生，来救我呀！"

"医生，医生——快，她要生了！"列宛先生发疯似的扭起双手，一边叫道。

"还没呢。"医生回答道，一脸厌烦的样子。

过了几分钟，医院的走廊上回荡着尖利的叫声。

"哦，哎呀，我的妈呀！"

"她现在要生了！"医生对列宛先生说，一边匆匆走进他女儿的房间。

学者间的礼仪

一个富翁有一次请两个饥肠辘辘的学者喝茶。学者们来了，在桌前坐下，开始讨论起经文来。除此之外，犹太人还有什么其他的消遣吗？正当他们争论不休的时候，女主人进来在他们的茶杯前放上柠檬，接着她又拿来一个盘子，上面放有两块饼干，其中一块比另一块大一些。学者们都知道礼仪很重要，于是都不愿意第一个去拿。

其中一个大度地说："扬克尔先生，您先请！"

"不不！依萨克先生，您先来！"扬克尔也彬彬有礼地说。

最后，推脱了好久，扬克尔突然伸手拿了一块饼干——可他挑的是大的那块。

依萨克惊呆了。

“这是怎么回事，扬克尔先生，”他委屈地责备说，“像你这样的学者竟然完全没有用餐礼仪。怎么能如此粗鲁地先拿了大块饼干，而把小块的留给别人呢？”

“那，要是换了你，你会怎么做呢？”扬克尔问道。

“你这话什么意思？作为一个懂规矩的人，我当然会挑小的那块。”

“哦，你正是得到了小的那块呀，”扬克尔高兴地说，“那你还这么生气干什么？”

经文教师行盗

在波兰一个小镇上，有一个教经文的老师再也受不了自己的窘迫和穷苦了，他决定当一名强盗。

一天，他从厨房里拿了一把刀，走进了树林。他埋伏在一棵树后，等待过路的行人。最后他看见镇上一个富有的木材商正毫无防备地走来。他一言不发，走到他跟前，用刀比划着。突然他好像想起了什么，手一松，刀落在了地上。

“算你走运，”他咕哝道，“我刚记起来，这是一把加工牛奶的刀。”

第二十七课　傻瓜的故事

赫尔姆的雪

赫尔姆村是个傻瓜村，村里老老少少都是傻瓜。一天晚上，有个人看到水桶里的月亮影子，赫尔姆村的人便以为月亮掉进了水桶里，他们把水桶盖起来，以为这样月亮就跑不出去了。第二天早晨，他们打开水桶一看，月亮不见了，村里的人便认为月亮被人偷走了。他们叫来了警察，可是找不到小偷，赫尔姆村的傻瓜们便痛哭流涕。

在赫尔姆村的所有傻瓜中，最有名气的是村里的七个长老。因为他们是赫尔姆村年纪最大的，也是最蠢的，所以他们统治着赫尔姆村。他们蓄着白胡子，由于用脑过度，个个脑门儿都向前突出。

有一次，在光明节之夜，整晚大雪纷飞，银白色的雪覆盖了整个赫尔姆村，晶莹发亮，熠熠生光。

那天晚上，七位长老坐着沉思，不时地皱眉头。村里经济困难，可是他们不知道去哪里弄钱。忽然，他们中间最老的一个大傻瓜格罗纳姆大声说："雪就是白花花的银子嘛！”

“我在雪里看到了珍珠！”另一位大声喊道。

“我看到了宝石！”第三位叫喊着说。

赫尔姆村的长老们这才意识到，财宝从天而降。

不一会儿，他们又犯起愁来。赫尔姆村的人喜欢走动，准会把财宝踩坏。怎么办呢？傻子杜德拉斯想出了一个主意。

“咱们派个送信儿的去挨家挨户敲窗户，告诉大家：人人都必须待在家里，等把所有的银子、所有的珍珠和所有的宝石都收好以后才许出门。”

有那么一会儿工夫，长老们很满意。他们搓着手，表示同意这个聪明的主张。但是笨伯莱基什不以为然：“送信儿的人自己就会把财宝踩坏的。”

莱基什说得对呀！于是长老们又皱起高高突起的脑门儿，绞尽脑汁来解决这个新难题。

“有了，有了！”蠢牛谢默雷尔大声说。

“请讲，请讲。”长老们急切地说道。

“别让送信儿的人在地上走，把他放在一张桌子上抬着走，这样他的脚就不会踩到宝雪了。”长老们对蠢牛谢默雷尔的解决办法拍手叫好，也为自己的智慧洋洋得意。

他们立即派人到厨房把使童吉姆佩尔叫来，让他站在一张桌子上。可是谁来抬桌子呢？凑巧，厨师特莱托尔、削土豆皮的贝雷尔、拌沙拉的尤凯尔以及照看村里公有山羊的杨泰尔都在厨房。长老们命令他们四人抬桌子，每人抬一根桌腿。吉姆佩尔站在桌子上，手里拿着一个木槌，准备用来敲各家的窗户。一切准备就绪，他们便出发了。

每到一家窗户前，吉姆佩尔便用木槌敲几下，并大声喊道："今晚不许出门。天上下了财宝，严禁踩踏。"

赫尔姆村的人对长老们唯命是从，他们整晚未出家门一步。与此同时，长老们坐下来商议财宝收起来后如何充分利用。

傻子杜德拉斯建议把财宝卖掉，买一只能下金蛋的鹅。这样村里人就不愁吃不愁穿了。

笨伯莱基什另有主张。他建议为全体赫尔姆村民买一批放大镜，这样，房屋、街道、商店看起来就都变大了，当然啦，如果赫尔姆村看着大，那就一定是大。赫尔姆村就不再是一个小村子了，而是一个大城市了。

还有其他一些同样聪明的主张。但是当长老们正在权衡各种计划的利弊时，天已大亮，太阳升起来了。他们向窗外望去，天那，他们发现地上的珠玉财宝已经被人踩坏了。抬桌子的人的大靴子毁坏了所有财宝。

赫尔姆村的长老们捻着白胡子，彼此承认他们犯了一个错误。他们争辩说，也许再有十六个人抬着抬桌子的四个人，情况就不至于如此了。

经过长时间的讨论，长老们决定：下一个光明节时，要是天上再下财宝，他们就照这个办法办。

虽然村民们没有得到财宝，但是他们对来年满怀希望。他们继续赞扬他们的长老，他们深信，不管什么难题，总是可以指望村里的长老们找到解决办法的。

有关赫尔姆的犹太傻瓜鲜为人知的故事非常多，不妨给您再讲几则，供您一乐。

这是我吗？

赫尔姆村的一个人认为，人们只能通过衣服才能互相区分，于是就很担心在浴室会丢了自己，因为在那儿的人都是裸着的，就没法区分了。为了保险，他就在自己的大腿上系了根线。

不幸的是，线很快松了，不久就脱落了。而另一个赫尔姆的人看见了，也许是出于同样的恐惧，就把线系在自己的大腿上了。

在出来穿衣服的时候，第一个人看见了第二个人。“我的天，”他叫了起来，“如果这个家伙是我，那我是谁？”

赫尔姆的公正

赫尔姆村补鞋匠谋杀了他的一个顾客，于是他被带到法官面前，法官判处他绞刑。

当正在宣读判决书的时候，镇上的一个人站起来叫道：“请你等一等——如果你判决补鞋匠死刑，他是我们村上唯一的补鞋匠。你绞死他，谁给我们补鞋？”

“谁？谁？”赫尔姆的人异口同声地喊。

法官同意地点点头，重新考虑判决。

“赫尔姆的好人民，”他说，“你们说得对。既然我们只有一个补鞋匠，那如果让他死了，对我们很不方便，所以就把我们村上修屋顶的两个人绞死一个吧！”

真正的科学

赫尔姆的两个圣人陷入复杂的哲学争论。

“既然你那么聪明，”一个面带讥讽地说，“请回答下面的问题：为什么当一片涂着黄油的面包落地时，总是带黄油的那面朝下？”

另一位圣人是一位所谓的科学家，他决定做一个实验来推翻那一个理论。于是他给一片面包涂上黄油，然后往下扔。

“你看！”他胜利地叫起来，“正如你看到的，根本不是带黄油的那面着地。所以你的理论怎么解释？”

“嘘！嘘！”那一个不屑地笑起来，“你还认为自己挺聪明！你把黄油都涂错了！”

赫尔姆的掘土人

赫尔姆的居民在为新教堂掘一口井，忽然其中的一个停了下来，靠在他的铁锹上，摸着他的胡子。“我们该怎么处理，”他像是自言自语地问，“这些掘出来的土呢？”

“我还真没想过，”另一个说，“真的，我们该怎么处理呢？”

“啊，我知道了，”第一个人接着说，“我们挖一个坑，把我们掘井挖出来的土填进去。”

“但是等等，”第二个说，“还是不能解决问题！我们挖坑挖出来的土怎么办？”

“我来告诉你，”第一个说道，“我们再挖一个坑，是第一个的两倍大，这样就可以填下我们掘井和挖第一个坑所有的土了！”

错误

赫尔姆的拉比和他的一个学生在旅馆里过夜。学生想让仆人一早就叫醒他，因为他要赶早班车。仆人答应了。因为不想惊醒拉比，学生就摸黑穿起了衣服，但过于匆忙，他穿上了拉比的长袍。他急匆匆地到了车站，进了列车，这时他看到车厢镜子里的自己，呆住了。

“那个仆人真笨！”他生气地叫道，“我让他叫醒我，他却跑去叫醒了拉比！”

金鞋子

赫尔姆的委员在开会，他们决定要有一个和别人一样的团体传达他们的智慧，而最应该做的事就是要有一个首席圣人。于是他们就选了一个首席圣人。但让他们吃惊的是，当他走到街上时，没有一个人注意到他，因为他和赫尔姆的居民没什么两样。

于是他们给他买了一双金鞋子。

“现在每个人都会知道他就是首席圣人了！”他们说。

当首席圣人穿上金鞋子的第一天，街上有很大的尘土，不一会儿，尘土都跑到他的鞋面上，再也看不出是金的了。

因此没有人认出这就是首席圣人，所以也就没人注意。

首席圣人不喜欢被忽视，就到委员会上去抱怨。

“如果我不能很快得到尊重，我就辞职！”他威胁说。

“你说得太对了！”委员会同意说，“我们马上就加强！我们首席圣人的尊严必须保护！”

于是他们给他做了一双上等的皮鞋穿在金鞋子的外面。这样当首席圣人上街的时候，就不会再沾上尘土了，但是也因此没法看到里面的金鞋子，那他们还怎么能区分出这是首席圣人呢？还是没有人注意到他。

“这太过分了！”首席圣人发怒了，“如果每个人都忽视你，那么做首席圣人有什么用呢？”

“你说得对——绝对正确！”委员会又同意说，“相信我们——我们会为了保护你的尊严不惜一切代价。”

于是他们又从鞋匠那里为首席圣人做了一双皮鞋。在鞋上有很多小洞。这样既可以保护金鞋子不沾尘土，同时也可以让人们看到里面的金鞋子，每个人就可以认出首席圣人了。

不幸的是，这个计划又失败了。灰尘穿过小洞又弄脏了金鞋子和皮鞋。因此既没有人认出这是首席圣人，也没人注意他。

“这太过分了！”首席圣人大怒，“我觉得很丢人，以后我再也不能在街上露面了！”

男人和烟斗

塞尚，1895—1900年，油画，由俄罗斯普希金美术馆藏。

"当你苦恼的时候，我们也很苦恼！"委员会安慰他，"不要后退，我们会接着想办法。"于是他们用稻草填住了小洞。确实，稻草阻止灰尘再进到里面，但老问题又来了——没人能看到里面的金鞋子。于是首席圣人再一次被忽视了。这是他最后的限度！

赫尔姆的圣人们又召开庄重的大会，讨论如何解决问题，经过长时间的热烈讨论后，他们终于拿出了解决方案。

"从此以后，"他们告诉首席圣人，"你就穿着平常的皮鞋上街，但是为了让每个人都知道你是首席圣人，你的每只手上都要穿一只金鞋子！"

清白和算术

赫尔姆有一个年轻的学者，对世界上的事物认识都很天真。一天早晨，他被他妻子的生产吓得目瞪口呆，慌慌张张跑到拉比那里。

"拉比，"他叫道，"一件不寻常的事发生了！请给我解释一下！我妻子刚刚生了，而我们结婚才刚三个月！这是这么回事？每个人都知道九个月才能生小孩！"

这位拉比在全世界都很有名，戴着他的银边眼镜，皱着眉头想这件事。

"我的孩子，"他说，"我看你对这种事一无所知，甚至都不会简单地计算了。让我问你：你和你妻子住在一起三个月了吗？”

“是的。”

“她和你住在一起三个月了吗？”

“是的。”

“你们两个——在一起三个月了吗？”

“是的。”

“那一共是——三个月加三个月加三个月？”

“九个月，拉比！”

“那你为什么还跑来用这种愚蠢的问题烦我！”

多余的

“哪一个更重要，太阳还是月亮？”一个赫尔姆的居民问他的拉比。

“当然是月亮，”拉比说，“它在晚上需要光的时候发光；而太阳只在白天发光，那时谁还需要它！”

被打湿的逻辑

一个赫尔姆的圣人在湖里洗澡，差点被淹死。当他漂起来时，其他游泳的人救起了他。他好不容易才爬出水面，就发了一个重誓："在我学会游泳之前，我绝不再下水！"

赫尔姆的哥伦布

在赫尔姆住着一个叫塞雷格的人，他是一个圣人，但却是不安心的人。在他的血液里有冒险的因子，他总是梦想去看世界。但是因为他是个圣人，所以很穷，使他不能像镇里的富人一样坐船去周游世界。

有一天，一个赫尔姆的商人从华沙回来了。从那天起以及以后一周内的每一天，在赫尔姆的人除了谈论商人给他们讲的华沙的种种奇妙之外再也不说别的了，而没有人比塞雷格听得更入神。

从那以后，他走路就像梦游一样，心里只有一个愿望：去看看华沙。他不吃不睡不休息，他的妻子很着急，不知道怎么才能安慰她的塞雷格。

一天早晨，他的眼睛发出一种神往的表情，对他妻子说："我要去华沙！"

"为什么？"

"我听说那是个神奇的城市！"

"但是你没有钱。"

“我走着去。”

“但你的鞋子会破。”

“我赤脚走，把鞋子拿在手里。”

“你疯了，塞雷格！”

“我要去华沙！”他坚持说。

于是他把一些面包和奶酪放在背包里，拿起他的橡木杖，手里提着鞋子，向那伟大的城市进发了。

塞雷格像长了翅膀一样往前走。他根本不顾自己是赤脚，路上尖锐的石子扎痛他的脚。他一路唱着歌，满怀高兴，想着很快就能亲眼看见华沙的面貌了。

当太阳垂直挂在天空时，塞雷格感到了饿。他在岔路口的一棵树荫下坐下来，吃了一些面包和奶酪当午饭，然后又觉得困，于是他决定小睡一会儿补充一下精神。但在睡之前，他想先确定一下，当他醒来时还能走正确方向的路。

“现在，让我看看，”他自言自语，“我在两条路的岔口处：一条是去华沙，另一条是回赫尔姆。我必须确定是去华沙而不是回赫尔姆的路。”

于是他把鞋子拿来，放在路口，脚尖的方向指向华沙。“当我醒来我就知道正确的路了。”他想。

他为自己的聪明感到高兴，他伸了个懒腰，到草地上去睡觉了。啊，这是一个什么样的觉！这是一个被神保佑的觉，就像族长雅各布在梦里见到了天使！他睡得是那么深，那么甜。这时一个农夫驾着马车从旁边经过，当他看到路上的鞋子时，他自言自语说："真幸运！这里有一双鞋子像孤儿一样躺在路上！"

于是他停下马，下了车，捡起鞋子。

"大概是得霍乱的人扔下的！"他嘟囔说，"它们不是鞋子——像烂网一样有那么多洞。"于是他扔掉鞋子，但是却把鞋子的脚尖方向指向了赫尔姆。

过了一会儿，塞雷格醒来了，想着自己很快就到华沙了，他跳了起来，急着继续往前走。

"我是多么聪明，"他想，"这么有远见地把鞋子放在路上，现在不会错了！"

于是他接着往前走。

不一会儿他看到城市了。塞雷格加快了脚步。当他走过那些街道时，他好奇地看着各种东西，房屋、街道和人们。

"这好像与我住的那儿一样！"他叫道，"华沙不像我想象得那么大。怎么那么像赫尔姆，像两个孪生兄弟！"

他继续走，当他经过浴室时，一个男人坐在门边向他友好地说："您好！"塞雷格也真诚地回敬道："您好！"

"就像我的名字叫塞雷格，"他对自己嘀咕道，"这个人看起来很像赫尔姆浴室里的费舍尔，浴室也很像我们的浴室！这是怎么回事？”

一会儿他到了教堂。

“这和我们赫尔姆的一模一样！”他吃惊地想。

出于习惯他往里走。

他所看到的让他毛发直立。

“如果我不知道自己在华沙，简直就要相信这些做祷告的人都是我们赫尔姆的人了。”

而且当他站在那儿的时候，教堂的杂役匆匆过来，背着玉米，把他挡到一边。

“别挡我的路！”他喊。

“就像上帝在天堂里一样，”塞雷格几乎不相信自己的眼睛，“这个杂役不仅看起来像我们赫尔姆的杂役，就连说话和做事都像他。奇怪，真奇怪！”

塞雷格充满困惑离开了教堂。

“这到底是怎么回事？”他着急地问自己。他陷在自己的想法里，不知道往哪儿走了。忽然他抬起头来，发现自己在一条非常熟悉的街道上。

“神啊，请帮助我！”他叫道，“怎么这条街那么像我家那条！这是华沙吗？真让我失望！我费那么大劲跑到这儿就是来看和我家一模一样的一条街？”

在家门口他也看到了一些孩子在玩把胡桃核弹进洞里

的游戏。

“如果这不是我的儿子莫舍尔在这里玩，愿我的手脚都摔断！”

这时一个女人把头伸出窗子叫道：

“塞雷格，你为什么站在街当中，张着嘴像个傻瓜？快进来——饭做好了！”

塞雷格很惊奇：他敢发誓这个女人很像他妻子丽施的孪生姐妹！说话的方式都一样！而且，她不是叫他塞雷格吗？于是他走进去，假装是她的丈夫塞雷格。

当然了，房子里的家具也和他家的一样！他坐下来开始吃饭——肉烤糊了，和他妻子做的一样。

“我只能得出一个结论，”最后塞雷格想，“华沙和赫尔姆完全一样，在每一个细节上。确实，房子很像我的房子，这个女人很像我的妻子，这个小男孩很像我的莫舍尔，而且她丈夫的名字也叫塞雷格。但我知道得很清楚，这都不是我的。”

于是塞雷格在桌边坐着，开始想念起他在赫尔姆的那个小家。

“这让我觉得很麻烦，”他最后决定，“这个很像我的人是否是华沙的塞雷格。但我已经知道他的名字是塞雷格，而且他和我看起来很像。问题是：他是谁？他现在在哪儿？”

安全保护

赫尔姆发生了一桩丑闻，教堂的募捐箱被人偷走了。于是他们立刻做了一个新的，挂在教堂大堂的天花板上，它挂得那么高，以至于没有小偷能够得着。他们都很满意这个经过圣人会议产生的举措。

但是不久教堂的杂役发现了新问题。“的确，”他说，“这个新的募捐箱很安全，但是我们也得不到募捐了！没有人能够得到它！”

但是这个问题没有难倒赫尔姆的聪明人。很快他们宣布做一架梯子，能够让募捐人爬到募捐箱那。而且为了避免虔诚的捐赠人受伤，梯子被永久固定在地板和天花板之间！

泄露秘密的杂役

赫尔姆的一个人在做生意时，突然死在市场上，于是拉比派杂役去通知死者的妻子。

“要小心一点，”拉比教他说，“在跟她说这个消息的时候尽量委婉些！”

杂役敲了门，一个女人来开门。

“瑞彻尔寡妇是住在这儿吗？”

“我是瑞彻尔，我就住在这里，”她回答说，“但我不是寡妇。”

“哈！哈！”杂役胜利地笑了起来，“打赌你是寡妇，你赌多少？”

一个谜语

赫尔姆有一个人要到伯德彻夫去，在教堂里和一群人一起等待祈祷的开始。教堂里的杂役看见他是个生人，就想拿他开玩笑，于是给他出了这样一个谜语：“这个人是谁？——他是我父亲的儿子，却不是我的兄弟。”

赫尔姆的圣人绞尽脑汁也想不出来。

“我放弃！”他最后说，“现在告诉我吧——他是谁？”

“就是我啊！”杂役得意地说。

圣人被这个谜语的奇妙吸引住了，当他一回去，就迫不及待地问其他圣人。

“我的朋友们，”他很严肃地开始了，“我给你们出一个谜语，看你们能否回答。这个人是谁？——他是我父亲的儿子，却不是我的兄弟。”

赫尔姆的圣人都觉得很难，他们想啊想，最后说："我们放弃了！告诉我们，这个人是谁？"

"他是伯德彻夫教堂的杂役！"圣人得意洋洋地宣布。从此以后，赫尔姆就成了傻瓜的代名词，就仿佛英国的愚人村和德国的傻子村。一名犹太人讽刺另一名犹太人特别傻时，总会这样说："看看吧，一个真正的赫尔姆人。"

那么，究竟什么是傻，什么是聪明呢？再讲两个其他犹太傻瓜的故事。

什么叫作傻瓜

一个傻瓜到拉比那里说："我知道我是个傻瓜，拉比，但是我不知道该怎么做。请教教我吧。"

"噢，我的孩子！"拉比用赞美的语气说道，"如果你知道你是个傻瓜，那说明你根本不傻！"

"那为什么每个人都说我傻？"那个人抱怨说。

拉比看着他想了一会儿。

"如果你认为自己不是个傻瓜，"拉比说，"但是光听别人说，那你就是一个真正的傻瓜！"

一些最优秀的人

一个犹太人到拉比那里抱怨其他人。

“拉比，”他悲伤地说，“你认为他们叫我傻瓜对吗？”

拉比同情地听着。

“干吗为这么小的事悲伤！”他安慰他说，“你认为傻瓜和其他人那么不一样吗？相信我，我见过一些最优秀的人都是傻瓜。当然，像你这么优秀、聪明的人也是一个！”

第二十八课　祈祷和交易

从前有个犹太乞丐，虽然他生活非常艰难，但老爱做白日梦，以此排遣心中的苦恼。

有一天，他这样祈祷：

“亲爱的上帝——在新年到来之际给我10000卢比吧。我说——我来和你做个交易吧——自己只留5000卢比，剩下的全部捐给慈善事业。你不相信我有这么高尚的想法吗？——那么就先把该给我的5000卢比给我，另一半你直接交给慈善机构吧。”

这是一个标准的犹太笑话，充分发挥了和上帝辩论的水平和犹太人的高超商业智慧。

人的生命本身就是荒诞和无意义的，而且苦难是主旋律。普通的人，要经受生活的煎熬；富裕的人，也难免精神痛苦，没有一个人只有欢乐，没有痛苦。只是永恒的痛苦换取短暂的快乐，那么面对苦难，唯一的武器就是幽默。

瞎子看一眼就够了

一个犹太盲人乞丐站在纽约的街头乞讨，手里拿着个小杯子。

“救救一个盲人吧！”他可怜地乞讨着。

一个年迈的犹太妇女从旁边蹒跚而过。

“天啊——一个可怜的盲人！”她同情地说，给了他一个硬币。

乞丐非常高兴。

“我看见你的第一眼就知道你有一副好心肠！”他说。

他们也很痒

在雷姆伯格有一个富有的商人。一天他从窗子里看到，一个衣衫褴褛的人正背靠在他的栅栏上搔痒。于是富人就把他叫进屋里，听他的悲伤的故事。“我已经一个月没洗澡了，”不幸的人抱怨道，“我没有内衣穿，而且我饿得只能吃自己的指甲！”

富人被他的困境打动了。于是给他好吃好喝，给了他内衣，又给了10个硬币让他去洗澡，然后送上帝的祝福便打发他走了。

这个富人富有爱心的消息像野火一样传遍了雷姆伯格。于是，两个叫花子也来到那个栅栏边，放声大哭，把他们的背使劲在栅栏上磨。听到他们的哭声，富人来到窗前，看见两个叫花子的所作所为，他很生气。

“别让我看见你们，你们这无耻的叫花子！”他喊道，“不要把你们的脏背放在我的栅栏上！”

“你为什么帮助以前那个人，而现在却不帮助我们了？”他们责备地问，“告诉我们，他哪儿比我们好？我们也很痒。”

富人勃然大怒，“我帮助以前那个人是因为没有人能帮助他去搔搔背。至于你们这些傻瓜，快点——你们互相搔痒！”

感觉上的年龄

一个40岁的男人娶了一个20岁的姑娘，这在他们的圈子里引起了非议。一次，当一个人含蓄地指出他们年龄上的差异时，他说："这还不是太坏的。当她看到我时，她觉得她年长了10岁，而当我看她时，我觉得我年轻了10岁。因此，这才相配——我们都30岁！"

真实性

一个穷困的犹太农夫去他富裕的邻居家借驴子。

"对不起，邻居，"富裕的农夫说，"我的驴子去草场了。"

就在这时牲畜棚里传来驴子的叫声。

"你的借口真是愚蠢！"穷人生气地说，"那，你的驴子刚才在叫了。"

富裕的农夫十分气愤。

"你宁愿相信谁呀，"他有尊严地说，"是那只叫唤的驴子还是我？"

太晚了

东部的一个穷小贩死了。他的遗孀得到了2000块钱的保险。

"你真倒霉啊！"她抱怨道，"我们过了40年的穷日子，现在上帝让我们富起来了，你却死了！"

势利鬼

两兄弟住在同一座城里，一个是拉比，另一个是个贼。拉比觉得自己的兄弟丢了自己的脸，总是要他的好看。有一天，他俩碰巧在街上遇到了，拉比故意不理兄弟。他兄弟很气愤，就骂道：

"你有什么了不起的？我要是神气还有理由——我哥哥是拉比！你兄弟是个贼，你有什么好神气的？"

传道者的说明

一个周末的晚上，巡回传道者来到村子里的教堂。他的正式演说结束时，他呼吁会众为"一个带着七个孩子的可怜寡妇"慷慨解囊。

有些会众想知道这位不幸的妇人是谁，传道者说明："实际上她是我老婆，而七个孩子也是我的。"

"可她不是寡妇呀！你在撒谎！"好几个会众对传道者喊道。

"哎——你们说什么呀？难道你们吝啬到不给一个犹太人生活在这个世界的机会？"

上下班时间

西格尔坐在去长岛的班车上。他在办公室干了一天活，已经很累了，此刻正在回家的路上。坐在他旁边的一个英俊小伙子向他问时间，但他置之不理。小伙子压低声音又问了一遍，他仍然没有告诉小伙子几点钟了。第三次，小伙子是拍着他的肩膀问的。这一次，西格尔告诉了他。

小伙子困惑不解："我第一次问你时，你为什么不回答我呢？"

"为什么？我来告诉你吧。如果我告诉你了，我们就会聊起来了。我会打听你的情况，因为你是一个不错的年轻男人，而我有两个可爱的待嫁女儿。我会邀请你去我家吃晚饭。接下来会怎么样呢？你接受了邀请，你去了。我太太喜欢你，我的大女儿爱上了你，我的小女儿也很赞成。

于是，看上去你就要成为我的女婿了。可是，我不想要一个没有手表的女婿！道理就这么简单。”

怀孕的女儿

在犹太民族的传统里，有富裕的人家接纳教士学校的学生来家里，并给提供一年半载食宿的习俗。这样，就能使宗教研究后继有人。

这里要讲的故事发生在一个富裕人家。他们接收了一位教士学校的学生，给他提供半年食宿。这个小伙子 21 岁，长得很帅。这户人家正好有三个未嫁的小姐，年龄分别为 17 岁、18 岁和 19 岁。

小伙子在这里做客时，一切都相安无事，大家友好相待，和睦相处。六个月很快就过去了，这个小伙子从这家搬出，住进了另一家。

就在这个小伙子走后大概一个月，这家的二小姐悄悄来到她爸爸跟前，涕泪涟涟。她向爸爸承认自己怀孕了，造下这桩罪孽的便是那年轻的学生。父亲当即坐下提笔写下一封措辞尖锐、充满愤怒的信给那学生，告诉他自己的女儿已经怀孕，要他最好放聪明一点，赶紧回来娶了这姑娘，做孩子的爸爸。

怀孕的女人

夏加尔，1913年，油画，由阿姆斯特丹市立美术馆藏。

那学生收到了信，开始还有点吃惊，然后回忆起在那个家庭中度过的时光。他将事情琢磨了一番，决定答应这父亲的要求，立即娶他的千金为妻。

他回了信，陈述了自己收到信后知道姑娘怀孕时感到的惊愕，并且要未来的岳父放心，自己正在为回去结婚而做准备。在信的末尾，他还添了一个“又及”：

“顺便问一句，怀孕的是令爱中的哪一位？”

裁缝们的算法

有一个人买了一些衣料拿到裁缝那儿去。

“这些做衣服够了吗？”他问道。裁缝仔细地量了量，说道：“不行，做不了，这些不够。”

于是这人去找另一个裁缝。那裁缝也仔细地量了量，然后说道：“这些足够了。”

他为顾客量了尺寸，叫他两个星期后来拿衣服。

当那个人来取衣服时，他吃惊地发现裁缝的小孩穿着由他的布料做成的衣服。

“这是怎么回事？”他问那个裁缝，“你能告诉我为什么街对面的裁缝说我的衣料不够，而你却不仅给我做了一件衣服，还给你的小孩做了一件？”

“哦，”裁缝回答说，“你知道，这衣料对我来说是够了，因为我只有一个儿子——可对那个裁缝来说却是不够的，他有两个儿子！”

《犹太人之谜》内容简介

犹太人是谁？判断犹太人的标准是什么？犹太人为什么历经浩劫而不灭？犹太文化的精髓是什么？谁是犹太人心目中的英雄？怎样成为一个有智慧的人？怎样成为一个有权力的人？怎样成为一个富有的人？怎样成为一个令人尊敬的人？本书通过妙趣横生的论述来揭开犹太人的种种神秘面纱，是洞悉犹太文化和犹太智慧的一把钥匙。

定价：28.00 元

《火星来客》内容简介

迄今为止，总共有 179 位犹太人获得了诺贝尔奖，形成了诺贝尔奖中独特的“犹太现象”。犹太人占世界人口总数不到 0.3%，但获诺贝尔奖的比例却占诺贝尔奖金总数的 22.35%，尤其是匈牙利犹太人，被誉为科学大师中的“火星来客”。钱学森的老师“科学奇才”冯·卡门、化学家波拉尼、“和平之父”西拉德、“计算机之父”冯·诺伊曼、美国“氢弹之父”爱德华·特勒、“当代罕见的数学奇才”保罗·爱多士等，全都是匈牙利人。

定价：35.00 元

《坐长凳者》内容简介

按照古老的犹太习俗，当拉比在犹太会堂讲道的时候，坐在第一排听课的一定是最聪明的人，坐在最后一排听课的人一定是最傻的人。当坐在第一排的人一旦回答不了拉比所提出的问题，就必须退坐到第二排，以此类推；坐在后一排的人，如果能够很顺利地回答拉比的提问，就可以往前坐一排。一旦拉比回答不出会众所提出的问题，就要把坐在屁股底下的七个草垫子撤掉一个，直到坐在地板上。本书通过 13 位犹太鬼才的成长故事，揭示了犹太文化和犹太教育的奥秘。

定价：30.00 元

《居安思危》内容简介

按照美国《福布斯》杂志的统计，在美国 400 大富豪排行榜中，前 40 位富豪中有 45% 是犹太人，美国 1/3 的百万富翁是犹太人，美国许多著名的慈善家也是犹太人。

本书用幽默通俗的笔法，系统而全面地介绍了犹太人的财富哲学，以及犹太人为什么会做生意和千锤百炼的犹太生意经，深刻解剖了“世界第一商人”犹太商人成功的黄金法则和成功奥秘。

定价：32.00 元

《知识是甜蜜的》内容简介

本书用通俗幽默的文笔，详细阐述了犹太家教智慧的精髓：犹太成功黄金律、犹太人的美德教育、犹太人的健康教育、犹太人的处世教育、犹太人的享乐教育、犹太人的婚姻观、犹太人的金钱教育和犹太人的公民教育。

定价：33.00 元

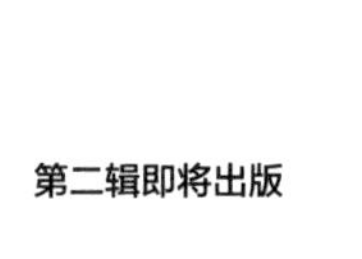